Deutschland-ticket

AF169007

NAH.SH
Der Nahverkehr

45
Touren und Trips
für das
Deutschland-Ticket

Inhalt

Übersichtskarten .... Seite 4-7

Vorwort und Einleitung .... Seite 8

Touren .... Seite 10

GPX-Tracks .... Seite 190

Tourenübersicht

1	Wandertour auf Sylt	14,4 km	Seite 12
2	Radtour an der Nordsee	40,7 km	Seite 16
3	Wandertour mit den Gezeiten	9,3 km	Seite 20
4	Wandertour im Naturparadies	8,3 km	Seite 24
5	Wandertour auf Rügen	11,6 km	Seite 28
6	Kanu-/SUP Tour in der Dänischen Wiek	8,6 km	Seite 32
7	Radtour zur Havelquelle	56,1 km	Seite 36
8	Wandertour rund um den Seddiner See	10,6 km	Seite 40
9	Wandertour durch das Briesetal	10,8 km	Seite 44
10	SUP-Tour auf 3-Seen	2,9-4 km	Seite 48
11	Radtour entlang der Havel	43 km	Seite 52
12	Wandertour durch Berlin	5,3 km	Seite 56
13	Radtour durch die Leineaue	38,6 km	Seite 60
14	Wandertour durch die Westruper Heide	7,1 km	Seite 64
15	Wandertour im Harz	15,6 km	Seite 68
16	Radtour entlang der Salle	59,2 km	Seite 72
17	Radtour durch die Sächsische Schweiz	32,4 km	Seite 76
18	Wandertour auf den Frienstein	8,5 km	Seite 80
19	Radtour entlang der Lahn	37,1 km	Seite 84
20	Wandertour mit Burgenromantik	15,1 km	Seite 88
21	Anspruchsvolle Wandertour durch die Südosteifel	11,1 km	Seite 92

22	Wandertour im Taunus	11 km	Seite 96
23	Radtour zur Burg Montfort	27,2 km	Seite 100
24	Wandertour durch Streuobstwiesen	6,3 km	Seite 104
25	Radtour durch die Schwabenmetropole	38,1 km	Seite 106
26	Wandertour auf die Weinberge um Stuttgart	9,1 km	Seite 110
27	Wandern und Schlendern in Waiblingen	5,7 km	Seite 114
28	Wandertour im Nordschwarzwald	10,6 km	Seite 118
29	Wandertour auf den Hochfirst	10 km	Seite 122
30	Wandertour in die Schweiz am Bodensee	9 km	Seite 126
31	Radtour im Süden	53,2 km	Seite 130
32	Wandertour rund um den Alpsee	11,1 km	Seite 134
33	Anspruchsvolle Bergtour auf den Wörner 2474 m	17,2 km	Seite 138
34	Wald- und Panoramawanderung am Ammersee	9,1 km	Seite 142
35	Wandertour am Starnberger See	9,4 km	Seite 146
36	Radtour nach Freising	41,6 km	Seite 150
37	Stadtwanderung durch München	6,3 km	Seite 154
38	Radtour entlang der Donau	54 km	Seite 158
39	Wandertour auf den Großen Arber	15,1 km	Seite 162
40	Wandertour durch das Mangfalltal	10,5 km	Seite 166
41	Wandertour am Bayerischen Meer	8,1 km	Seite 170
42	Wandertour auf den Hochberg	11,8 km	Seite 174
43	Kanu- / SUP-Tour am Waginger See	9,2 km	Seite 178
44	Wandertour auf den Dötzenkopf	6,8 km	Seite 182
45	Bergwandertour auf die Archenkanzel	10,4 km	Seite 186

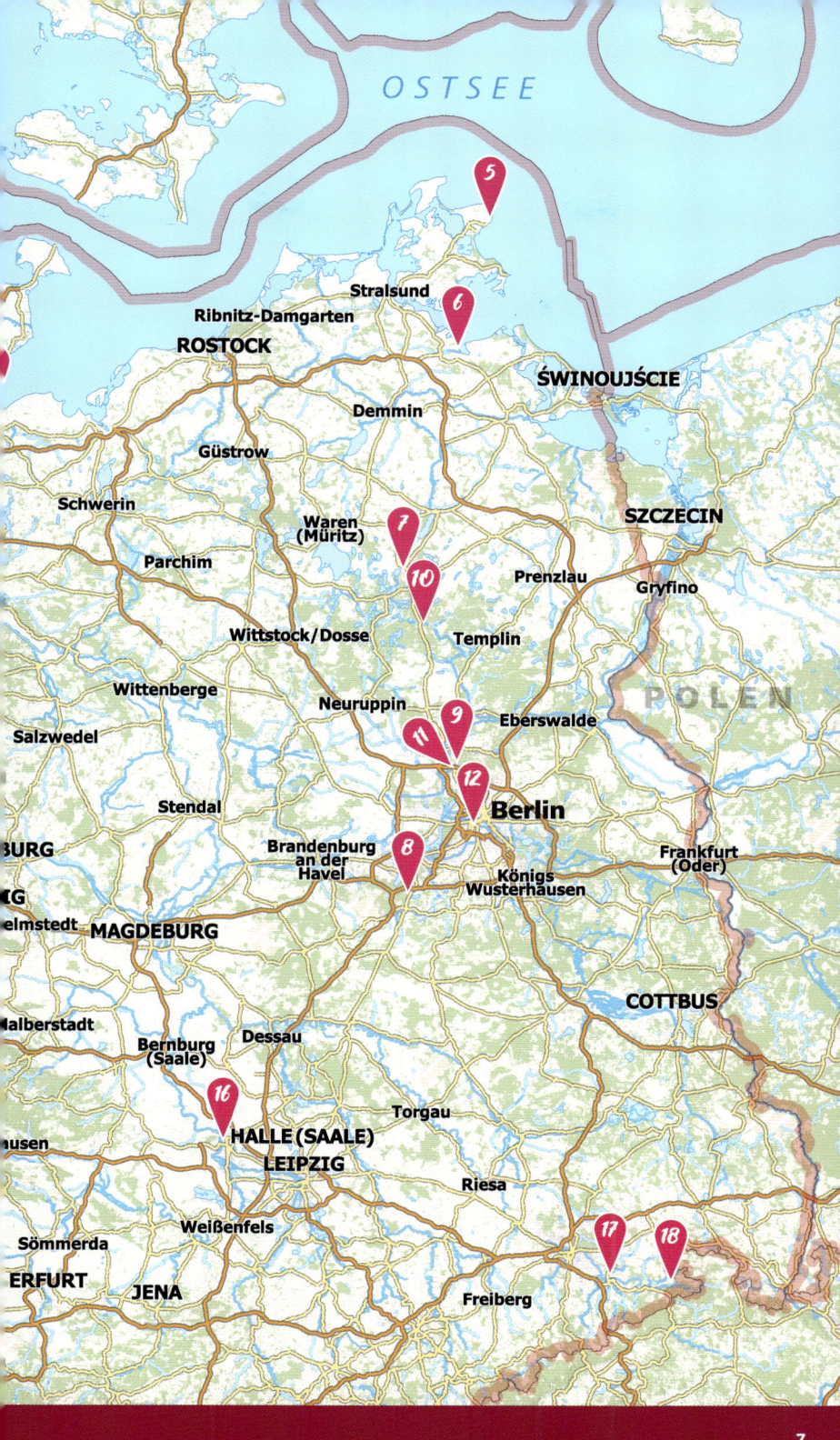

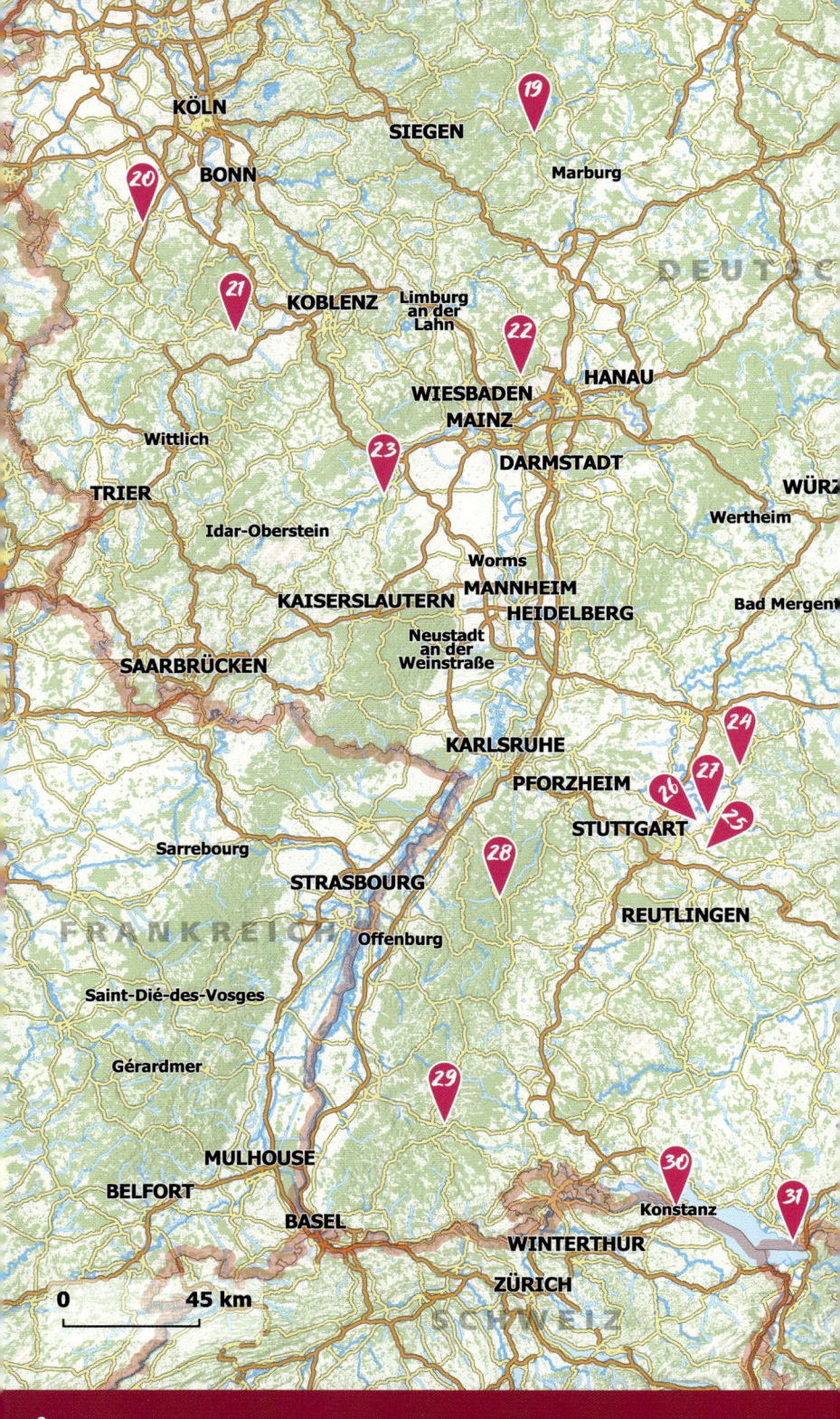

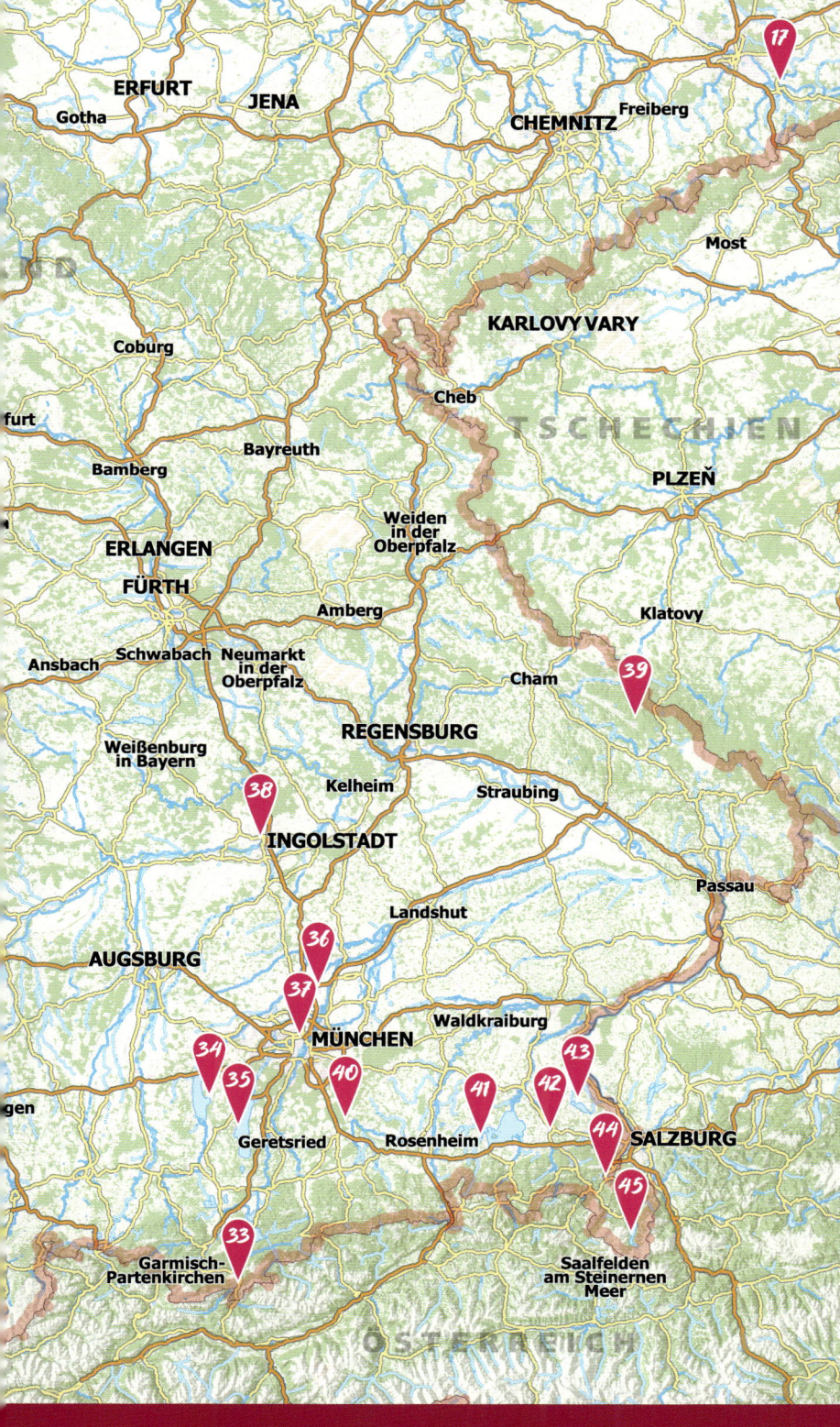

Vorwort und Einleitung
Unterwegs in Deutschland mit den öffentlichen Verkehrsmitteln

Von Nord bis Süd und von Ost bis West gibt es in Deutschland viel zu entdecken und zu erleben. Das Land wird durchzogen von einem enormen Bahnnetz, das mit regionalen Bussen ergänzt wird. Da draußen warten unzählige Abenteuer, die perfekt mit dem öffentlichen Verkehr zu erreichen sind. Dabei ist es manchmal die Anfahrt selbst, die entlang atemberaubender Strecken beeindruckt.

Wo soll es hingehen? Das Buch zeigt eine breite Vielfalt an Zielen und Aktivitäten auf. Wandern in der Eifel, eine Stand-Up-Paddel Tour an der Ostsee oder mit dem Fahrrad der Donau entlangradeln; um nur ein paar zu nennen. Je mehr Touren du gemacht hast, desto stärker verwandelt sich dein langweiliges Pendler-Ticket in eine Eintrittskarte für deine Entdecker-Touren quer durch Deutschland.

Die Vorteile für die öffentliche Anreise liegen dabei klar auf der Hand. Der Preisvorteil: Hast du das Deutschlandticket schon in der Hand, brauchst du dir keine Gedanken mehr über Spritkosten oder Parkplatz-Tickets machen. Möglichkeiten: Du musst nicht mehr zu deinem Ausgangspunkt zurückkehren. Dein Chauffeur holt dich am nächsten Bahnhof oder an der nächsten Bushaltestelle ab. Umwelt: Bei den meisten Freizeitaktivitäten ist die Anreise die größte Umweltbelastung. Reist du öffentlich an, trägst du deinen Beitrag zu weniger CO_2-Ausstoß bei. Bequemlichkeit: Auf der Hinfahrt ein Buch lesen oder den Rucksack perfekt packen, die Wanderschuhe schnüren oder die Route noch mal durchgehen, alles Dinge, die du hinter dem Steuer nicht erledigen kannst. Schlafen kannst du natürlich auch nicht und vielleicht ist es gerade das, was dich nach einer anstrengenden Wanderung so richtig glückselig macht.

In dem Buch werden zu jeder Tour jeweils die wichtigsten Bahnhöfe, Bushaltestellen und Umstiegsstellen erwähnt. Deinen individuellen Fahrplan bekommst du am besten mit den Onlineplanern der jeweiligen Verkehrsmittel. Das sind in erster Linie die Deutsche Bahn (DB) sowie die regionalen Verkehrsbetriebe und Verbünde. Die Fahrplanauskunft auf der Startseite der DB liefert aktuelle Fahrpläne für jede Strecke: www.bahn.de. Dabei sollte man bei der Suche in

den Einstellungen nur den Nahverkehr auswählen, um keine Zusatzkosten zum Deutschlandticket zu bekommen. Wer sein Fahrrad mittransportieren möchte, sollte sich informieren, ob dafür ein extra Ticket (in den meisten Fällen) gelöst werden muss, bzw. ob die Beförderung möglich ist.

Ganz im Widerspruch zum Namen des Tickets kommt man damit bis in die Schweiz, nach Österreich, in die Niederlande, nach Belgien, nach Polen, Frankreich oder nach Dänemark. Natürlich sind dabei jeweils nur vereinzelte Grenzorte gemeint. Als Start für einen Wochenend-Trip ist das jedoch schon mal der perfekte Anfang.

Wir wünschen dir viel Spaß auf deinen Entdecker- und Abenteuerreisen quer durch Deutschland. Nimm das Buch mit seinen 45 Tourenvorschlägen als Inspiration für viele weitere Vorhaben.

Wandertour auf
¹SYLT

Start/Ziel
WESTERLAND SYLT

Rundtour
14,4 Kilometer

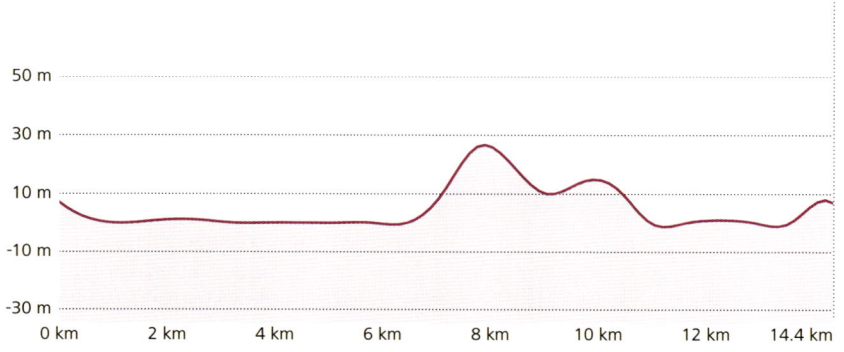

Anreise

Anreise mit der Bahn

Umstieg: Hamburg/Kiel

Zielbahnhof: Westerland (Sylt)

Rückreise

gleich wie die Anreise

Leichte Strand- und Dünenwanderung mit Bademöglichkeit und für Sylt überraschend vielen Anstiegen; auf dem Kliffweg ist Schwindelfreiheit passagenweise von Vorteil, nur der Süden des Kliffwegs ist geländergesichert.

Kurpromenade am Brandenburger Strand am Ende der Strandstraße in Westerland; mehrere Großparkplätze, z. B. an der Brandenburger Straße und auf dem Brandenburger Platz, Strandstraße, 25980 Sylt.

Die Steilküste Rotes Kliff ist das Wahrzeichen von Sylt, der Kliffweg an der Abbruchkante der spektakulärste Wanderweg entlang der deutschen Nordseeküste. Die aussichtsreiche Uwedüne im Heide-Naturschutzgebiet „Dünenlandschaft auf dem Roten Kliff" bildet mit 52 Meter die höchste Erhebung aller Inseln im Wattenmeer. Der Tourismus Service Kampen bietet geologische Führungen auf dem Roten Kliff an.

Los geht es! Am Brandenburger Strand des Seebads und Sylt-Hauptortes Westerland führt die Kurpromenade nordwärts, alternative Route ist der feuchte Sand vor der Wasserlinie. An den Zentralstrand schließen das Surfgebiet, ein Badestrand und der (behindertengerechte) Seenot-Strand mit dem Café-Restaurant Die Seenot an. Die Kurpromenade verwandelt sich in einen Lattenweg, der wenig später endet. Weiter geht es durch den Sand am Wasser entlang bis zu den Stränden unterhalb der Nordseeklinik, ehe das Restaurant Gosch Kliffkieker am Ende der Wenningstedter Strandstraße zur Einkehr einlädt. Am nächsten Übergang 33 (auffällige Holztreppen- und Aussichtskanzel-Konstruktion) am Ende der Berthin-Bleeg-Straße, geht es rechts hinauf zur Aussichtsplattform über dem Wenningstedter Strand. Hier beginnt am Gästekarten-Kontrollhäuschen der Kliffweg, der zunächst als Holzlattensteg auf der Hangschulter der Kliffküste 25 Meter über dem Strandkorbstrand führt. Der Lattensteg ist dem Gelände angepasst und beinhaltet kleinere Auf- und Abstiege in Stufen. Am Übergang 32 unterbrechen Sanitäranlagen den Holzlattensteg, vor dem Übergang 31 steht auf 100 Douglasienstämmen am Klifffuß das Restaurant Wonnemeyer am Strand. Die Lattenkonstruktionen am Kliffweg enden nun weitgehend. Teils als Weg, teils als sandiger Pfad folgt der Kliffweg der Abbruchkante des Roten Kliffs und gewinnt nach Passieren von Übergang 30 an der hier besonders spektakulären Kliffkante den Bereich der höchsten Erhebung der Insel. Bald darauf verlässt der Kliffweg die Abbruchkante und er-

reicht die Stufenanlage zur Panoramaplattform auf der Uwedüne (52,5 Meter). Benannt ist die höchste Erhebung von Sylt nach dem Keitumer Uwe-Jens Lornsen (1793–1838), Vorkämpfer für ein von Dänemark unabhängiges „Schleswigholstein". Von der Uwedüne führt ein Weg nordwärts zur Kampener Kurhausstraße und durch die Heide zum Panoramarestaurant Sturmhaube, wo der Übergang 29 vor dem Kliffende zurück zum Strand führt. Mit schönen Blicken zu den imposanten Steilhängen des Roten Kliffs geht es südwärts, bis zuletzt wieder die Kurpromenade erreicht wird. Sie bringt uns zum Ausgangspunkt am Brandenburger Strand in Westerland zurück.

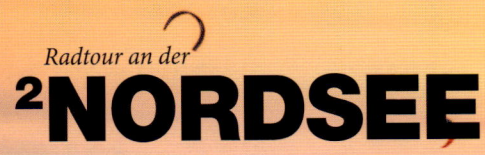

Radtour an der
²NORDSEE

von
BÜSUM

nach
SANKT PETER-ORDING

40,7 Kilometer
3:30 Dauer

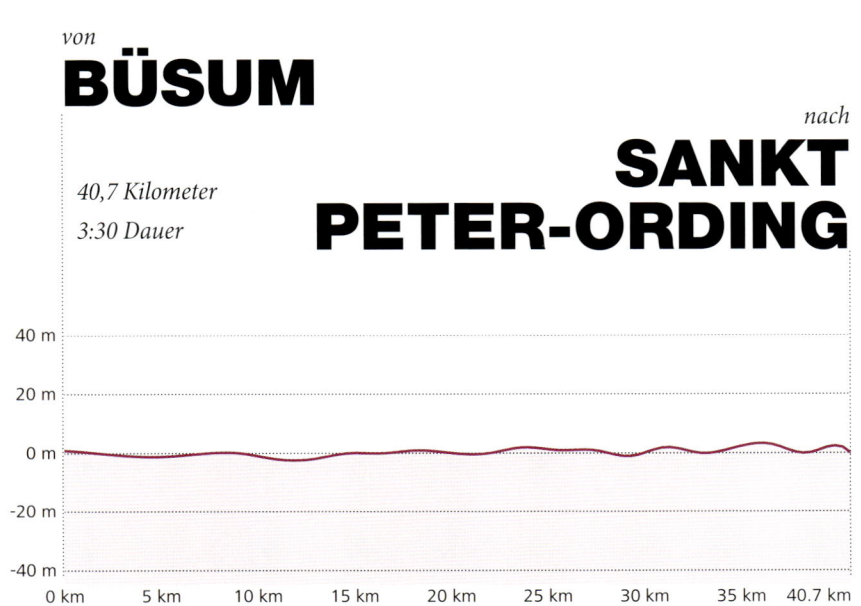

Anreise

Anreise mit der Bahn

Umstieg: Heide / Neumünster

Zielbahnhof: Büsum

Rückreise

Rückreise mit der Bahn

Umstieg: Husum

Zielbahnhof: Bad St Peter-Ording

Der Startpunkt dieser aussichtsreichen und angenehmen Tour ist die Nordseestraße an der Perlebucht in Büsum. Vom Zielpunkt in Sankt Peter-Ording gelangt man mit der Bahn (umsteigen in Husum und Heide) zurück nach Büsum, so lässt sich diese Tour in einem Tag absolvieren.

Los geht es! Von der Perlebucht, dem Familienstrand des Seebads Büsum, folgt der Nordseeküsten-Radweg dem begrünten Seedeich nordwärts; hinter dem Ende der Bebauung ist rechts das nahe gelegene Freilicht-Deichmuseum ausgeschildert. Der Seedeich gibt weiter die Route nordwärts vor; auch der aussichtsreiche Deichverteidigungsweg an der Wasserlinie ist für Fahrräder geeignet, beschildert ist der Radweg jedoch nur binnendeichs.

Landeinwärts zeigt sich das Flügelkreuz der Windmühle Margaretha (1845), des Wahr- und Wappenzeichens von Westerdeichstrich, dessen grüne Strände und das Panorama-Café am Strand Stinteck bald erreicht sind; in Westerdeichstrich logierende Feriengäste haben mit der Gästekarte freien Strandzugang, ansonsten muss man eine geringe Gebühr bezahlen. Der Seedeich führt am FKK-Strand Stinteck vorbei weiter nordwärts, über den vorgelagerten Priel Ossengoot flitzen Speed-Surfer. Ab der Naturbadestelle Hirtenstall am Rand des Hedwigenkoogs vergrößern sich die Salzwiesen, die dem Seedeich vorgelagert sind; weit draußen liegt die Sandbank Blauortsand.

Ab hier fährt man nur noch im Grünen. Schafe blöken, Möwen schreien, weit landeinwärts zeigt sich der russische Zwiebelturm der auf einer Warft errichteten Kirche der Hebbelstadt Wesselburen, auch das Eidersperrwerk ist unübersehbar. Vor der Dithmarscher Seite der Eidermündung entstanden im 18./19. Jh. zwei Erhöhungen, die zusammenwuchsen und das Kernland der Gemeinde Wesselburenerkoog bilden. Bereits 1819 wurde hier die Viehtränke „Die Burg" angelegt. Heute befinden sich hier der Campingplatz Wesselburenerkoog, Gasthof und Badestelle sowie der Ausgangspunkt für geführte Wattwanderungen zum Blauortsand.

Gleich darauf erreicht der Radweg das Eidersperrwerk. An der Mündung der Eider gibt es außer dem Sperrwerk mehrere Verweilpunkte. Der erste nördlich des Sperrwerks ist der hölzerne Vogelbeobachtungsturm in den Wiesen rechts der Eiderdammstraße; er ist architektonisch der Bake der Hallig Süderoog nachempfunden, die offene obere Aussichtsplattform liegt auf 13,5 Meter über NN.

An der Straßenkreuzung weiter nördlich befindet sich rechts das Naturschutz-Infozentrum Katinger Watt, von dem aus der Abstecher in das gleichnamige Naturschutzgebiet lohnt.

Der Nordseeküsten-Radweg zweigt an dieser Kreuzung links zum Süderdeich der Halbinsel Eiderstedt ab und folgt dem grünen Deich zur Seebadestelle Vollerwiek beim Campingplatz „Olendiek". Eine Treppe führt zur Lebensrettungsstation auf der Deichkrone mit Blick auf die kleine Bucht mit der Badestelle; hier muss eine geringe Eintrittsgebühr entrichtet werden, da Annehmlichkeiten wie der gepflegte Rasen, Sitzbänke, Duschen, Sanitäranlagen, ein Sandkasten und das Aufstellen der Strandkörbe auch finanziert werden wollen. Blickfang links ist das Eidersperrwerk, das aus dieser Perspektive schon klein wirkt, südwestwärts fällt der Blick auf die offene Nordsee. Der Name „Purrenstrom" für den Prielstrom im Mündungstrichter der Eider kommt von „Porren": Krabben. Landseitig fällt der Blick auf das idyllische Land von Vollerwiek mit alten Bäumen, Einzelgehöften und dem Spitzhelm der Martinskirche, einem romanischen Gotteshaus, das von Garding aus 1113 gegründet wurde.

Der Radweg folgt nun durchgehend dem Seedeich nach Sankt Peter-Ording, wobei wiederum die weitaus attraktivere Variante der Asphaltweg an der Wasserlinie ist; bei starkem Südwestwind allerdings dankt man dem Seedeich für Windschutz und radelt binnendeichs. Ein schöner Rastplatz ist der kleine Hafen Ehstensiel, und kurz nach Passieren des Nordsee-Golfclubs Sankt Peter-Ording ist in Böhl der erste Pfahlbau von Sankt Peter-Ording erreicht. Ein Deichübergang führt zum Restaurant Salt&Silver, einem auf Pfählen errichteten Restaurant am Böhler Strand; die Badegäste fahren im Sommer mit Pkws auf den Strand, Rad- und Autospur sind getrennt. Auf der Außenseite des Teerdeichs geht es weiter zum 18,4 Meter hohen Böhler Leuchtturm, dem 1892 auf dem Deich errichteten Wahrzeichen von Böhl. Auf der Landseite befindet sich der Kurpark, während der Radweg außendeichs weiter nordwärts führt, wo bald darauf ein Rad- und Fußweg zum Hotel Strandburg am Südstrand abzweigt. Wenig später ist die Seebrücke nahe des Freizeit- und Erlebnisbads Dünen-Therme in Sankt Peter-Ording erreicht. Am Beginn der wellenförmig geschwungenen Brücke lädt das Panoramarestaurant Gosch, eine Filiale des Sylter „Fischkönigs" Jürgen Gosch, zur Einkehr ein. 1.059 Meter lang ist die aussichtsreiche Seebrücke, an der eine zweite Einkehrmöglichkeit Sylter Provenienz liegt: Das Pfahlbau-Restaurant Sansibar Arche Noah, eine Filiale der Sylter Kultrestaurants Sansibar am gleichnamigen Dünenstrand.

Wandertour mit den
³GEZEITEN

Start/Ziel
WREMEN
Rundtour
9,3 Kilometer
2:00 Dauer

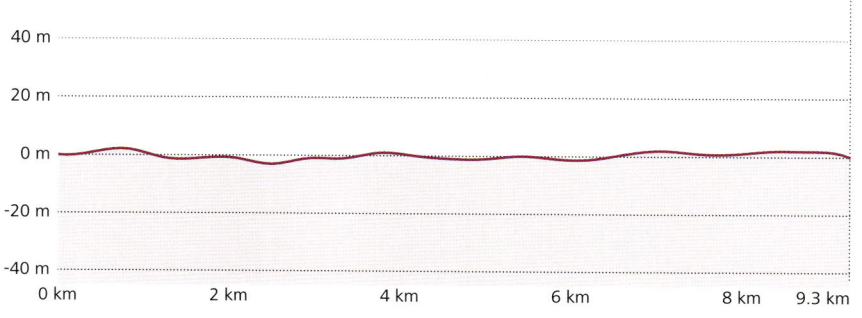

Anreise

Anreise mit der Bahn

Umstieg: Bremerhaven-Lehe / Bremen

Zielbahnhof: Wremen

Rückreise

gleich wie die Anreise

Wir starten zu dieser ruhigen und entschleunigenden Strandtour beim Bahnhof des Nordseebads Wremen.

Los geht es! Ab dem Bahnhofsgebäude halten wir uns nach Norden, folgen der Bahnhofstraße bis zur Kreuzung und biegen links in die Straße Wremer Specken. Nach Kreuzung der Wurster Landstraße wandern wir geradeaus durch die Straße Üterlüe Specken, bis wir schließlich das Ferienhaus Fenrich erreichen. Wir biegen rechts in den Sichter Weg und wandern durch die von Entwässerungsgräben durchzogene Marsch bis zur nächsten Kreuzung, biegen links ab, an einem Hof vorbei und auf den Deich zu. Südlich der Häuser von Schmarren kommen wir zum Nordseedeich, halten uns links und wandern auf dem Seedeich Richtung Süden auf Wremen zu mit seinem Wahrzeichen, dem Leuchtturm. Vom erhöhten Deich bekommt man Fernweh, wenn man die Schiffe in die Welt ziehen sieht. Beim wunderschönen Kutterhafen halten wir uns rechts, um dem 10 Meter hohen Leuchtturm „Kleiner Preuße" am Priel „Wremer Tief" einen Besuch abzustatten. Allerdings ist dieser ein Nachbau des Originals, der von 1906 bis 1930 an dieser Stelle gestanden hat (Öffnungszeiten ab Ostern 13 bis 15 Uhr). Zurück am Hafen locken viele leckere Fischspezialitäten zum Kosten, fangfrisch vom Kutter. Wir steigen wieder hoch auf den Deich, biegen auf der Strandstraße links in Richtung Ort ab. Wer in Wremen baden will, muss rechts abbiegen und bis zum Ortsrand südlich des Campingplatzes „Wremer Tief" vorlaufen. Wir folgen der Strandstraße zur Ortsmitte und biegen dort links in die Straße In der Langen Straße ab, die uns beim Friedhof vorbei zur Dorfkirche Willehadikirche führt. Die Kirche ist eine mittelalterliche Wehrkirche aus dem 12. Jh., die älteste Kirche im Land Wursten, der historischen Landschaft zwischen Cuxhaven und Bremerhaven. Interessant ist, dass sie aus rheinischem Tuffstein errichtet wurde, der auf dem Wasserweg ins Land Wursten transportiert wurde. Wie in vielen Kirchen Norddeutschlands hängen auch hier Schiffsmodelle im Kirchenraum. Zwei Museen liegen noch westlich an unserem Weg: Das Kuriose Muschelmuseum und das danebenliegende Museum für Wattenfischerei in einem alten Haus am Dorfplatz, das uns einen Einblick in die Geschichte und die Bedingungen der Wattenfischerei bringt.

Nach dem Besuch wandern wir kurz nach Nordosten (Wremer Straße) und gleich rechts in die Straße An der Kattrepel bis zur Straße Wremer Specken. Ab hier geht es auf bekanntem Weg zurück zum Bahnhof Wremen.

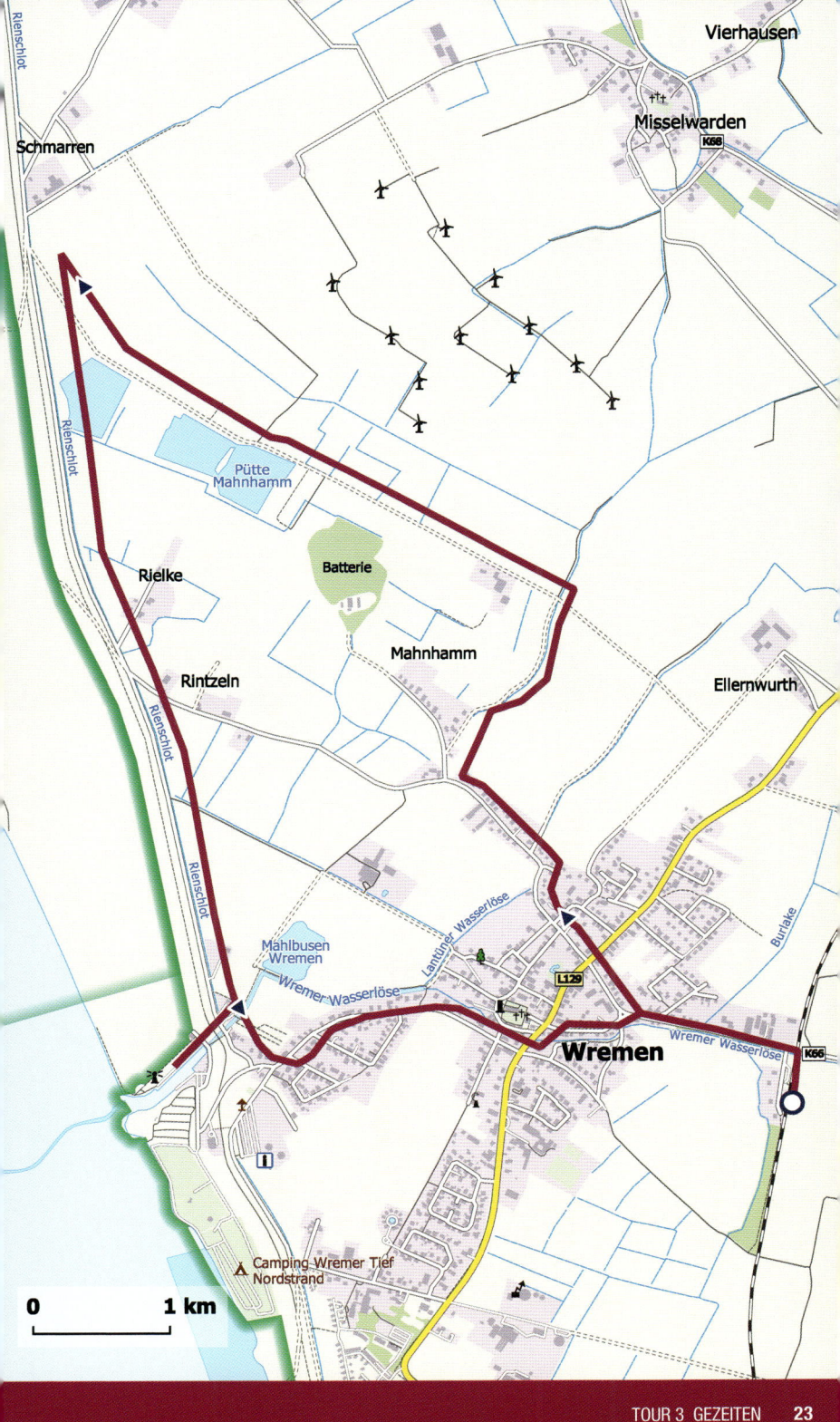

Wandertour im
4 NATURPARADIES

von
TRAVEMÜNDE

nach
TIMMENDORFER STRAND

8,3 Kilometer
2:00 Dauer

Anreise

Anreise mit der Bahn

Umstieg: Lübeck Hbf

Zielbahnhof: Lübeck-Travemünde Hafen

Rückreise

Rückreise mit dem Bus zum Ausgangspunkt

Bushaltestelle: Niendorf/Brodtener Straße

Wir starten in Travemünde (Stadtteil von Lübeck) am Parkplatz Fährvorplatz mit der Haltestelle Lübeck-Travemünde Priwallfähre zu dieser einfachen Wanderung und kehren am Ende mit dem Bus wieder hierher zurück. Die Rückkehrvariante zu Fuß ist anstrengend, aber lohnend.

Los geht es! Nach dem Fähranleger nahe des Parkplatzes geht es am Ufer entlang nach Osten, vorbei am Kreuzfahrtterminal Travemünde zum Lübecker Yachthafen, auf der Travepromenade und am Leuchtturm vorbei zur Lotsenstation und zum Strand. Ein kurzer Abstecher zur Nordermole (Ostseefähren – Finnland, Südschweden oder Lettland) sollte eingeplant werden. Wir biegen vor der Lotsenstation nach Norden ab, gehen am Sandstrand entlang zur hölzernen Seebrücke und folgen weiter der Uferpromenade bis zum Lübecker Yacht-Club, wo am Ende beim Weg links der Aufstieg zum Hochufer beginnt. Wer auf dem Hinweg am Wasser entlanglaufen will, muss hier weiter dem Strand folgen – 3 Kilometer bis zur ersten Treppe, die zum Steiluferweg hinaufführt.

Der Steiluferweg führt hingegen durch einen kleinen Laubwald, entfernt von der Ostsee zwischen Golfplatz (links) und der Steilküste (rechts) in Richtung Norden mit Blick hinunter zum Naturstrand. Zu einer Pause lädt der Aussichtspunkt Hermannshöhe ein – in der Nähe befindet sich ein Ausflugscafé. Vom Steiluferweg, mal nahe an der Abbruchkante oder zurückversetzt zwischen Bäumen, kann man an zwei Abzweigungen nach Brodten wandern (Bushaltestelle, 0,7 Kilometer). Nach einer Linksbiegung erreichen wir das Jugendhaus Seeblick am Steilufer, kurz vor dem nördlichsten Punkt. Über eine Holztreppe geht es hinunter zum Strand. Bis hierher sind wir nun 6 Kilometer (3 Kilometer ab dem Yachthafen) gewandert. Für die Rückkehr mit dem Bus folgen wir für 1 Kilometer der Steilküste zum Ortseingang von Niendorf und biegen beim ersten Haus links in die Steiluferallee ab und weiter durch das Klinikgelände zur Travemünder Landstraße. Dort links und nochmals links befindet sich in der Brodtener Straße die Bushaltestelle Niendorf/Brodtener Straße, wo wir zurück nach Travemünde fahren können.

Variante am Strand entlang (8,5 Kilometer): Auch der Rückweg (doppelte Strecke), ist sehr reizvoll (die Steilküste aus ganz anderer Perspektive). Der Strandweg führt über herabgestürzte Bäume und freigespülte Steine. Vom

Wasser aus hat man den Blick auf die Uferschwalben, die unter dem Klippenrand brüten. Der mit Seegras, funkelnden Steinen und Treibgut bedeckte Strand ist ein Eldorado für Schatzsucher (Feuersteine, Donnerkeile, Fossilien).

Aber Achtung! Die Wanderung entlang des Naturstrandes ist anstrengend, rund 1 ½ Stunden sollte man für die 4 Kilometer zwischen der Treppe an der Nordspitze und dem Abzweig zum Steiluferweg einkalkulieren.

Wandertour auf
⁵RÜGEN

von
SASSNITZ

11,6 Kilometer
3:45 Dauer

nach
LOHME

Anreise

Anreise mit der Bahn

Umstieg: Rostock/Bergen auf Rügen

Zielbahnhof: Sassnitz

Rückreise

Rückreise mit dem Bus (14) zum Ausgangspunkt

Ausgangspunkt dieser aussichtsreichen Tour zu den malerischen Kreidefelsen von Rügen ist die Bushaltestelle Wedding am Nordende von Sassnitz.

Los geht es! An der Wasserlinie der aussichtsreichen Sassnitzer Strandpromenade gehen wir los. Am Ende der Promenade besteht die Möglichkeit, über die Strandpromenade (Strandroute) zu spazieren oder hochzusteigen zum Hochuferweg (Aufstiegsverbindung) auf die buchenbestandene Abbruchkante der Kreideküste, um die Wanderung fortzuführen. Hart an der Kante, zwischen überhängenden Ästen alter Rotbuchen vorbei, immer wieder eindrucksvolle Tiefblicke durch die Felsabstürze zur Küste und Blick in Sonnenaufgangsrichtung hinaus auf die See lassen uns in Gedanken schwelgen. Der erste schöne Aussichtspunkt ist die Bläse, eine vortretende Kreidewand mit Blick zum Hengst.

An der Piratenschlucht (sagenumwobener Schlupfwinkel Störtebekers; Abstiegsmöglichkeit) vorbei geht es weiter zum Hengst, einem vorwendischen Burgwall und über den Lenzer Bach hinweg zur Cäciliensicht. Nach etwa 2 Kilometern sind die Wissower Klinken, eine der malerischsten Felsformationen der Kreideküste, erreicht. 200 Meter entfernt informiert das UNESCO-Welterbeforum Waldhalle über den Nationalpark und das Welterbe „Alte Buchenwälder in Deutschland".

Von hier führt der Hochuferweg weiter zur Ernst-Moritz-Arndt-Sicht auf einem markanten Felsvorsprung, der ein exzellentes Panorama der kilometerlangen Kreideküste gewährt – ein vor allem an sonnigen Vormittagen unvergleichlicher Anblick. 1981 brachen bei diesem Vorsprung rund 150.000 m^3 Kreidegestein ab, die See hat das Gestein bis heute noch nicht völlig abgetragen, sodass im Wasser eine deutliche Weißfärbung zu erkennen ist.

Nun geht es in gegenläufiger Richtung durch den Buchenwald an der Abbruchkante des Hohen Ufers zum Taleinschnitt des Kieler Bachs, wo eine Abstiegsmöglichkeit zum Wasserfall am Kieler Ufer besteht. Der Hochuferweg führt weiter zur Abzweigung oberhalb des Kollicker Ufers und bald nach Passieren des Kollicker Orts warten die meistbesuchten Naturschönheiten der Kreidefelsenküste: Die Viktoriasicht auf der Kleinen Stubbenkammer gewährt eine ausgezeichnete Profilansicht des wenig später erreichten Königsstuhls (Abstiegsmöglichkeit).

Nun biegt der Weg (Markierung Blaustrich) kurz landeinwärts, wechselt an der Bushaltestelle rechts in den Wald und stößt beim Fundament des auf das Kap Arkona versetzten Leuchtfeuers Ranzow über der Nordküste wieder auf das Hochufer. Auf diesem erfolgt dann der aussichtsreiche Schlussspurt nach Lohme.

Kanu-/SUP Tour in der

6 DÄNISCHEN WIEK

Start/Ziel

FISCHEREIHAFEN GREIFSWALD-WIECK

Rundtour
8,6 Kilometer

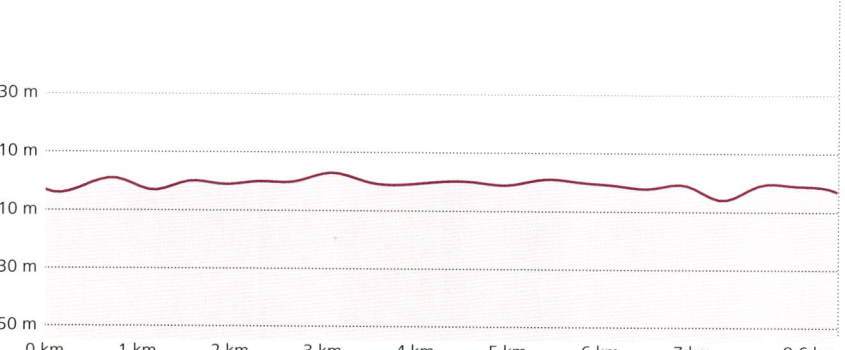

Anreise

Anreise mit der Bahn

Umstieg: Berlin/Stralsund

Zielbahnhof: Greifswald

Rückreise

gleich wie die Anreise

Start- und Zielpunkt der Tour ist die Slipanlage im Fischereihafen von Greifswald-Wieck. In Wieck gibt es zwei Verleihstationen für Boote.

Los geht es! Die Hansestadt Greifswald liegt am kleinen, nur 30,7 Kilometer langen Flüsschen Ryck, das im Hafengebiet nur 50 bis 75 Meter breit ist und auch im weiteren Verlauf flussabwärts nur knapp 100 Meter breit wird. Ab dem Greifswalder Hafen, der heute vor der Altstadt nur noch ein Museumshafen ist, ist der Ryck schiffbar. Der Museumshafen ist mit über 50 Schiffen der größte seiner Art in Deutschland – an der Kaimauer zu beiden Seiten des Flusses ankern historische Schoner, Schlepper und Barkassen. Es macht Spaß, vom Wasser aus an ihnen vorbeizugleiten.

Auch der Hafen des Greifswalder Ortsteil Wiek ist malerisch: Die Nordseite des Hafens wird von den für die Region typischen Reetdachhäusern der Fischer- und repräsentativen Kapitänshäusern geprägt, dahinter erhebt sich die Dorfkirche, am südlichen Kai legen die Fischerboote an.

Der ruhige Ryck eignet sich geradezu ideal für all jene, die keine großen Erfahrungen mit einem Kanu oder Kajak haben. Gestartet wird im Wiecker Hafen an der Klappbrücke; begleitet von dem einen oder anderen Segelboot paddeln wir flussaufwärts. Nach der Flussbiegung gleiten wir an der Marina des Jachthafens vorbei, an der die Masten der Segelboote im Wind klimpern.

Dann folgt der schönste Abschnitt des Ryck: Rechts blickt man bis zum Hafen von Greifswald auf Salzwiesen, am südlichen Ufer sind Radler und Wanderer auf dem historischen Treidelpfad unterwegs. Wenn links und rechts wieder Boote am Ufer vertäut liegen, ist es nicht mehr weit zum Greifswalder Museumshafen. Wir passieren die Drehbrücke Greifswald am Museumshafen und können uns die hier vertäuten Museumsschiffe anschauen. Zurück geht es flussabwärts mit der Strömung etwas einfacher.

Hinaus auf die Dänische Wieck: Vom Fischereihafen am rechten Flussufer von Wieck kann man alternativ zur Mündung des Ryck fahren und durchfährt dabei das geöffnete imposante Sperrwerk am Ende des Hafens. Wir passieren die Mole Wiek auf der Nordseite und können dann nach Norden ein Stück dem Küstenverlauf folgen. Hier ist der Uferbereich so flach, dass man nicht Gefahr läuft, auf größere Schiffe zu stoßen. Die Schifffahrt ist auf die Fahrwasserrinne angewiesen. Ein mögliches Ziel

könnte beispielsweise der Strand von Wampen sein (ab Klappbrücke rund 5,5 Kilometer). Vorsicht ist an der (südlichen) Mole bei der Ausfahrt Richtung Eldena geboten, zum einen wegen der Schifffahrt und zum anderen wegen des Kabbelwassers, das recht heftig werden kann. Wie weit man nun der Küstenlinie folgt, hängt von der eigenen Kondition und Zeit ab.

Radtour zur
⁷HAVELQUELLE

Start/Ziel
NEUSTRELITZ

Rundtour
56,1 Kilometer
5:45 Dauer

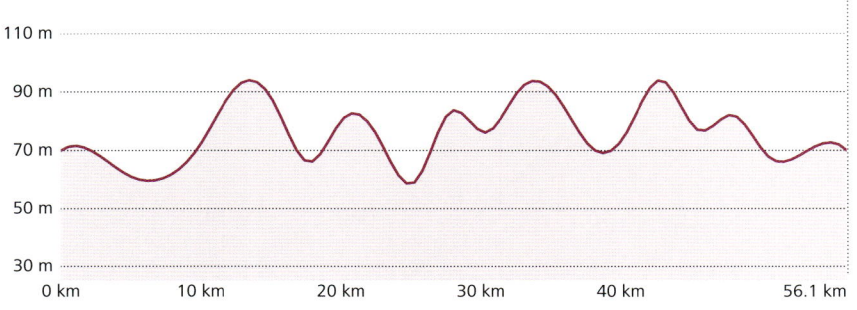

Anreise

Anreise mit der Bahn

Umstieg: Berlin/Rostock

Zielbahnhof: Neustrelitz Hbf

Rückreise

gleich wie die Anreise

Startpunkt der abwechslungsreichen und auf weiten Strecken autofreien Fahrradtour ist beim Hauptbahnhof Neustrelitz. Am Ende der Tour kann man von Kratzeburg mit dem Zug nach Neustrelitz zurückkehren.

Los geht es! Vom Hauptbahnhof Neustrelitz auf den Rudi-Arndt-Platz tretend geht es kurz geradeaus zur Friedrich-Wilhelm-Straße, die links (südwestwärts) zum Kreisverkehr an der Bundesstraße 96 führt. Hier befindet sich der Einstieg in den Mecklenburgischen Seen-Radweg, der schräg rechts der Tiergartenstraße vor dem Tiergarten zum Schlosspark folgt – beide Parks bilden ebenso lohnenswerte Abstecher wie die rechts gelegene Neustrelitzer Altstadt. Vom Platz, auf dem bis 1945/48 das Schloss stand, bietet sich ein wunderbarer Blick über den zum Zierker See hin abfallenden Landschaftspark. Am Ende des Schlossgartens wechselt der Seen-Radweg links in die Useriner Straße und verlässt sie an der Südwestecke des Schlossgartens. Rechts befindet sich der Neustrelitzer Stadthafen mit der Anlegestelle der Ausflugsschiffe, der Seen-Radweg (zugleich Radroute Müritz-Nationalpark-Rundweg) führt links am Slawendorf vorbei, anfangs in etwa parallel zur Eisenbahnlinie, die jedoch bald links abwinkelt. Nach Überqueren des Kammerkanals im Bereich ehemaliger Kalköfen zweigt der Mecklenburgische Seen-Radweg links ab, während der mit dem blauen M markierte Müritz-Nationalpark-Rundweg dem weitflächig verlandeten Ufer rechts zum Landhotel Café Prälank in Prälank-Kalkofen am Buteberg folgt. Weiter geht es zur Badestelle an der Südbucht des Großen Prälanksees. Nach Passieren der wenigen Häuser von Prälank Dorf am Westufer des Sees taucht der Rundweg in die Wälder des Müritz-Nationalparks ein, führt durch das Waldgebiet Torwitzer Tannen zu den Häusern von Langhagen am zweigeteilten Langhäger See und zweigt hier rechts ab zum Käbelicksee; er ist der größte unter den zahlreichen Seen, die die Havel in ihrem Quellgebiet durchfließt, und der oberste Havelsee, ab dem Wasserwandern möglich ist; die Insel im Südosten trägt den Namen Zeckeninsel. An der Nordbucht des Sees befindet sich das Strandbad Kratzeburg. Östlich des Strandbads kann man über die Bahnlinie geradeaus fahren, doch wir folgen dem Seeufer vor der Bahnlinie kurz westwärts beim Bahnhof vorbei, bis die Schilder des Havelradwegs und des Radfernwegs Berlin–Kopenhagen auftauchen und rechts in das Fledermausdorf Kratzeburg leiten.

Von Kratzeburg folgen Havelradweg und Radweg Berlin–Kopenhagen einer un-

befestigten Straße am Waldrand nordwärts zum Röthsee und am Dambecker See vorbei nach Pieverstorf mit germanischem Burgwall, denkmalgeschützter Friedhofskapelle und einer schönen Ulmenallee sowie einer Badestelle am Dambecker See. Von Pieverstorf folgen die Radwege einer Allee zur Alten Müllerscheune, wo links die nahe Havelquelle südlich des Mühlensees ausgeschildert ist; am Mühlensee befindet sich eine Badestelle. Neugierig geworden auf die alten Havelquellseen folgen wir dem Weg westwärts ab Trinnensee vorbei und biegen beim Ulrichshof am Waldrand rechts ab zum Bornsee („Quellsee"), dem eigentlichen Havelquellsee. Nach Passieren der Agraranlage Bornhof geht es am nächsten Waldrand rechts durch den Wald ins Schliemann-Dorf Ankershagen, wo sich wieder die bekannten Routenschilder des Radfernwegs Berlin–Kopenhagen und Havelradweg begegnen und zurück Richtung Kratzeburg leiten.

Anstatt ihnen bis Kratzeburg zu folgen, biegen wir an der Alten Müllerscheune wieder zur Havelquelle ab und folgen nun dem Müritz-Nationalparkweg rechts der Havel und der Seen, die sie durchfließt. Vor dem Tannensee befindet sich ein schöner Rastplatz, der Radweg führt südwärts weiter nach Dambeck mit Badestelle am Dambecker See und dem Schlosspark Dambeck und erreicht wieder das Fledermausdorf Kratzeburg; vom dortigen Bahnhof besteht direkte Zugverbindung zum Hauptbahnhof Neustrelitz, allerdings ist es auch angenehm, auf derselben Waldroute zurück zum Zierker See und nach Neustrelitz zu radeln.

Wandertour rund um den
8 SEDDINER SEE

Start/Ziel
SEDDIN

Rundtour
10,6 Kilometer
2:30 Dauer

Anreise

Anreise mit der Bahn

Umstieg: Berlin

Zielbahnhof: Seddin

Rückreise

gleich wie die Anreise

Ausgangspunkt dieser schönen Rundtour mit mehreren Badegelegenheiten ist die Gaststätte Jägerhof in Seddin.

Los geht es! Von der Gaststätte Jägerhof in Seddin – ein beliebtes Ausflugslokal – geht es kurz auf dem Rad- und Fußweg längs der Bundesstraße 2, die den Großen Seddiner See vom Kleinen Seddiner See trennt, bis unser Weg rechts auf einen Naturlehrpfad am Ufer des Großen Seddiner Sees abzweigt. Immer wieder mit schöner Aussicht folgt der Pfad unter alten Bäumen dem See zum Campingplatz Icanos am Badestrand.

Schließlich gehen wir an den Kleingärten von Wildenbruch-Lehnmarke entlang zum Gelände des Golf- und Countryclubs Seddiner See. Ausgedehnte Röhrichtfelder begleiten uns am Ufer. Am Ende des Golfgeländes schwingt der Wanderweg links vom Ufer weg nach Wildenbruch hinein. Wir halten uns rechts zur Dorfstraße und anschließend Richtung Kirche. Rechter Hand laden das Hotel Zur Linde und das Gasthaus Zum Sedddiner See zur Einkehr ein.

Die Wanderung führt von der Kirche hinunter an den See zur Badestelle von Wildenbruch. Hier nehmen wir den Uferweg, umrunden die Landspitze und erreichen das Strandbad Seddiner See. Zwischen dem Seddiner See und dem Kähnsdorfer See führt uns eine Landbrücke nach Kähnsdorf.

Im Gasthof Zur Reuse gibt es dann den perfekten Sommerabend mit Blick auf den Großen Seddiner See. Linker Hand liegt der Findlingsgarten am Seddiner See. Neben naturgeformten Steinen werden in einer Open-Air-Skulpturenausstellung Werke von zwölf zeitgenössischen Künstlern ausgestellt.

Wir gehen aber geradeaus, noch kurz am Ufer entlang und zurück nach Seddin an die Seddiner Straße. Sie führt uns in den Ort, wo sie dann Hauptstraße heißt. Rechter Hand erblicken wir die Dorfkirche und gehen weiter auf der Hauptstraße zur Gaststätte Jägerhof und zu unserem Ausgangspunkt zurück.

Wandertour durch das
⁹BRIESETAL

Start/Ziel
BIRKENWERDER

Rundtour
10,8 Kilometer
2:40 Dauer

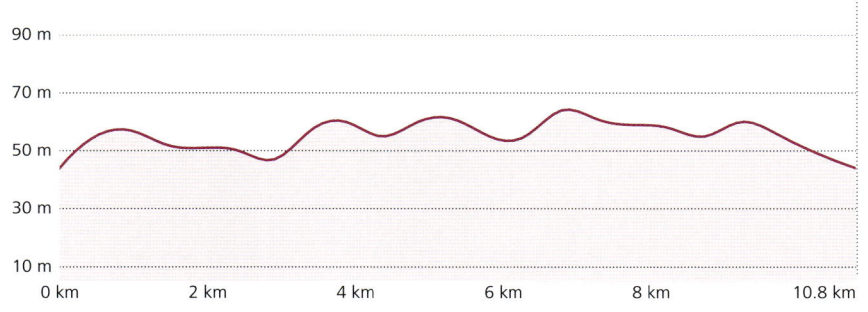

Anreise

Anreise mit der Bahn

Umstieg: Berlin

Zielbahnhof: Birkenwerder

Rückreise

gleich wie die Anreise

Vom Parkplatz bei der Waldschule Briesetal in Birkenwerder aus starten wir zu dieser landschaftlich reizvollen und dabei einfachen Tour.

Los geht es! Der Ortsteil Briese der Gemeinde Birkenwerder im Briesetal ist mit Waldschule, Badesee und dem Briesekrug ein viel besuchtes Ausflugsziel. Der Wanderweg folgt dem kleinen Fluss im Wald aufwärts Richtung Quelle. Parallel zum 66-Seen-Wanderweg führt ein ufernaher interessanterer Pfad flussaufwärts. Die erste Möglichkeit, die Briese zu überqueren, bildet die Hubertusbrücke, an der mitten im Wald Bänke und Schutzhütte zur Rast einladen und ein kurzer Bohlenweg zu den Helenenquellen führt.

Im Quellhang tritt rostbraunes, eisenhaltiges Wasser zu Tage. Weiter geht es auf dem 66-Seen-Weg durch die Wälder zu einer schönen Quelle eines Seitenarms der Briese. Wir stoßen an der Landstraße auf die Schlagbrücke und gehen durch die Unterführung zur anderen Straßenseite.

Unsere Wanderung führt weiterhin am rechten Ufer der Briese entlang. Zwischendurch laden zwei Schutzhütten zur Rast ein, und wenn sich der Wald an einer Stromleitungsschneise öffnet, führt der Wanderweg links über die Briese zum Gasthaus Alte Försterei Wensickendorf beim ehemaligen Forsthaus Wensickendorf. Hier treten wir den Rückweg an und folgen der Briese talwärts, queren die Landstraße neben der Schlagbrücke und stoßen wieder auf die Hubertusbrücke. Wir bleiben auf dieser Uferseite und kommen wieder zu unserem Ausgangspunkt nach Briese zurück.

10 3-SEEN
SUP-Tour auf

Start/Ziel
RÖBLINSEE

Rundtour
2,9-4 Kilometer
1-2h Dauer

Anreise

Anreise mit der Bahn

Umstieg: Berlin

Zielbahnhof: Fürstenberg (Havel)

Rückreise

gleich wie die Anreise

Startpunkt ist die Festwiese Röblinsee oder der gegenüberliegende Bootsverleih Riverboat. Endpunkt der Tour ist die Ahoi-SUP-Station am Baalensee, von der wir fußläufig wieder zurücklaufen oder unsere geliehenen SUPs bequem abgeben können. Fürstenberg/Havel trägt nicht umsonst die Zusatzbezeichnung: Wasserstadt. Umgeben von drei Seen und durchzogen von Kanälen und Bächen bietet Fürstenberg eine beliebte Wasser-Rund-Tour für Kanuten und SUP-Freunde.

Startpunkt ist der Badesteg an der Festwiese in Fürstenberg am Röblinsee. Einfach am Ende des rechten Badestegs auf das SUP steigen und erstmal mittig auf den See paddeln. Von dort geht es dann links Richtung altes Kraftfuttermischwerk. Vom Wasser aus gesehen bietet diese hochaufragende Industrieruine einen faszinierenden Anblick. Von dort geht es in den Kanal, der sich quer durch die Wasserstadt Fürstenberg schlängelt.

Ein Highlight auf der Kanalpassage ist der Fisch-Kanu-Pass. Der Fisch-Kanu-Pass ist eine Wasserrutsche, die euch mit euren SUPs einen Höhenunterschied von ca. 1,5 m ausgleichen lässt. Je nach Wasserstand rutscht es sich besser oder schlechter. Ansonsten heißt es kurz absteigen und den Fußgängertunnel rechts der Rutsche benutzen. Nach wenigen Metern auf der Priesterhavel biegen wir rechts in den kleinen urigen Fluss Iserdik ein. Hier wird es stellenweise sehr eng und dank der Strömung ist Paddeln kaum noch nötig. So treibt es sich bequem vorbei am Schloss, dem Stadtpark und durch naturbelassene Passagen. Der Kanal spuckt uns auf dem Schwedtsee in Nähe des Hafens von Fürstenberg aus. Über den Schwedtsee gelangen wir rechts unter der Brücke durch auf den Baalensee, der einen wunderbaren Blick auf Fürstenberg erlaubt. Hier, bei der Ahoi-SUP-Station, endet die Tour.

Optional können wir auch zum Startpunkt zurückkehren. Hierfür paddeln wir über den Baalensee bis zur Schleuse Fürstenberg. Rechts der Schleuse kann man an Land klettern und die Boards um die Schleuse rumtragen, was aber nicht so ganz erlaubt ist. Nach dem Wiedereinsetzen hinter der Schleuse folgen wir dem Kanal geradeaus bis zum Röblinsee und passiert nun wieder die Industrieruine Kraftfuttermischwerk. Von hier aus können wir schon die gelb betonte Badestelle am Röblinsee erkennen und am Badesteg eure Tour beenden.

Radtour entlang der
¹¹HAVEL

Anreise
Anreise mit der Bahn

Zielbahnhof: Henningsdorf

Rückreise
Rückreise mit der Bahn

Zielbahnhof: Potsdam

von
HENNINGSDORF
nach
POTSDAM

43 Kilometer
4:00 Dauer

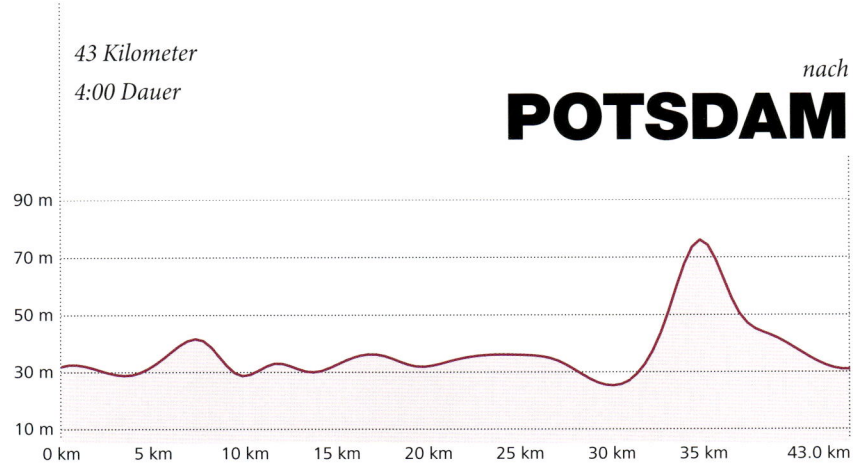

Wir beginnen die bequeme Tour in der Ruppiner Straße (Brücke über die Oder-Havel-Wasserstraße) in Hennigsdorf.

Los geht es! Kurz hinter der Brücke über die Oder-Havel-Wasserstraße links in die Hafenstraße einbiegen, durch eine Kleingartensiedlung zum Stadthafen, in dem auch einige Ausflugsschiffe vor Anker liegen. Nach dem Überqueren eines kleinen Kanals links halten und in Kurven weiter auf der Uferpromenade und dem Berliner Mauerweg. Unter der S-Bahnbrücke hindurch und um den Bombardier-Hafen herum.

Rastplätze am Wasser und Informationstafeln zur Berliner Mauer begleiten den Radweg, bis er sich mit einem scharfen Knick vom Wasser entfernt und zur stark befahrenen Spandauer Allee führt. Nach links abbiegen und auf dem straßenbegleitenden Radweg die Havel überqueren. Nach einer kurzen Abfahrt nicht den Abzweig nach links zur geschotterten Uferpromenade verpassen. An der Dampferanlegestelle Nieder Neuendorf vorbei zum ehemaligen Grenzturm. Einige Hundert Meter nach dem Grenzturm ist die Uferpromenade dann wieder asphaltiert. An der Havel gibt es Badeplätze, in den Grünanlagen zahlreiche Rastplätze. Nach einer kurzen, welligen Fahrt durch ein Waldstück wird am Ortsschild Berlin-Hakenfelde die Stadtgrenze erreicht. Weiter zu einer kleinen Düne mit Badestrand, kurz darauf folgt das Ausflugslokal Jagdhaus Spandau mit Biergarten und großer Badestelle mit Sandstrand.

Ab jetzt nicht mehr dem Berliner Mauerweg folgen, der führt nach rechts in den Wald hinein. Um das Jagdhaus herumfahren, den Campingplatz passieren und danach weiter entlang am Wasser radeln. Nun auf Brücken über Teufelsseekanal und Aalemannkanal, danach links halten und weiter am Ufer der Havel entlang. Dann rechts in den Elkartweg einbiegen und in mehreren Kurven durch eine Kleingartenkolonie bis zur Werderstraße, hier rechts halten. Bis zur Goltzstraße vorfahren, nach links abbiegen, bis zur Rauchstraße fahren, dort wieder links und an der ersten Kreuzung rechts in die Bamihlstraße. Nach links (ausgeschildert) in eine Grünanlage und gleich wieder rechts halten (nicht nach links über die kleine Brücke). Am Stichkanal rechts und fast bis zur Streitstraße vorfahren, dort um die Spitze des Kanals herum, einige Meter in südliche Richtung bis zur Havelschanze, hier links abbiegen. Am Ende der Havelschanze nach rechts dem Radweg am Havelufer zur Eiswerderstraße folgen, in diese rechts einbiegen. Gleich darauf links in den Brauereihof, an der nächsten T-Kreuzung ebenfalls nach links. Auf das Uferpalais zufahren, aber vorher rechts abbiegen, danach links zum Havelufer und nach rechts weiterfahren. An der Triftstraße rechts halten, bis zur T-Kreuzung fahren und nach links in die Neuendorfer Straße einbiegen. Dieser bis zum Wöhrmännerpark folgen und dort, wo die Bismarckstraße einmündet, die Straße überqueren und geradeaus weiterfahren (ebenfalls Neuendorfer Straße). Auf einer Fußgängerbrücke über den Kanal, danach die Straße Am Juliusturm queren, nach links fahren und nach rechts in die Breite Straße einbiegen. Von hier sind es nur wenige Schritte in die Spandauer Altstadt.

Von der Breiten Straße gleich wieder links und dann rechts ins Lindenufer einbiegen. Unter der ersten Brücke durch, einen kleinen Kanal überqueren, unter der zweiten und dritten Brücke durch, an den Lastkähnen vorbei, dann nach rechts in die kleine Straße Ziegelhof einbiegen. An der T-Kreuzung links in die Straßburger Straße, die in die Krowelstraße übergeht, die Weißenburger Straße überqueren und rechts in die Götelstraße fahren. Beim Rechtsbogen der Götelstraße geradeaus ein kurzes Stück durch den Park, dann weiter auf dem Tharsanderweg, der zur Pichelsdorfer Straße führt. Hier links halten und gleich darauf die Heerstraße an der Ampel überqueren, geradeaus in die Straße Alt-Pichelsdorf, rechts in die Bocksfeldstraße, dann links halten und weiter auf der Uferpromenade Scharfe Lanke.

Die Scharfe Lanke führt an zahlreichen Wassersportclubs und Marinas vorbei. Nach einem Stück durch den Wald mit Blick auf die Havel am Rothenbücherweg links abbiegen, gleich darauf rechts in den Bardeyweg und links in den Pfirsichweg. Der führt zur Gatower Straße, hier nach links auf den straßenbegleitenden Radweg. Die Gatower Straße führt im weiteren Verlauf nach Gatow und Kladower Damm. Nachdem rechts der Groß-Glienicker-Weg abgezweigt ist noch circa 500 Meter weiter bis zur Bushaltestelle Am Graben. Nach der Brücke links abbiegen, bergab bis zur Havel und dort nach rechts. Auf dem großteils unbefestigten Uferweg an einer großen Badewiese, einer kleinen sandigen Badestelle und einem Campingplatz vorbei. Dann durch den Gutspark Neukladow fahren. Am Ende des Parks durch das Tor in der Mauer und nach links in die Imchenallee einbiegen. Die führt zum Sportboothafen und der Promenade von Kladow. Hier befindet sich die Anlegestelle der BVG-Fähre über den Großen Wannsee, die circa 20 Minuten bis nach Berlin-Wannsee benötigt.

Nach Verlassen der Fähre rechts halten, durch den kleinen Park bis zum Kronprinzessinnenweg, dann an der Ampel nach rechts. Nach dem Überqueren der Brücke zwischen Kleinem und Großem Wannsee auf dem straßenbegleitenden Radweg leicht bergauf. Nach einer Abfahrt rechts in die Pfaueninselchaussee einbiegen, die für Autos gesperrt ist. Bergauf und bergab durch dichten Wald hinunter zum Ufer der Havel mit dem Wirtshaus zur Pfaueninsel. Hier links halten und weiter auf dem schattigen Uferweg, am Wirtshaus Moorlake an einer T-Kreuzung rechts abbiegen. Bald erscheint linker Hand das Eingangstor zum Glienicker Schlosspark, am gegenüberliegenden Ufer bietet die Sacrower Heilandskirche einen besonders schönen Blick. Nach Schloss Glienicke und Klein Glienicke linker Hand rechts abbiegen und über die Glienicker Brücke nach Potsdam. Der straßenbegleitende Radweg der Berliner Straße führt in Richtung Potsdamer Zentrum. Am Rechtsknick der Berliner Straße vor der Straßenbahninsel nach links in die Burgstraße einbiegen, nach wenigen Metern an einer T-Kreuzung bei der Josefinenwohnanlage nach links, das Gebäude umfahren und vor der Brücke nach rechts in die unbefestigte Uferpromenade. Vor der nächsten Brücke rechts halten und zur Friedrich-Ebert-Straße hochfahren. Von hier sind es nur wenige Pedaltritte ins Potsdamer Zentrum; Rückkehr per Bahn.

Wandertour durch
12 BERLIN

von
S-/U-BAHNHOF YORCKSTRASSE

nach
S-BAHNHOF PRIESTERWEG

5,3 Kilometer
1:40 Dauer

Anreise

Anreise mit der Bahn

Umstieg: Berlin Bhf

Zielbahnhof: S-/U-Bahnhof Yorckstraße

Rückreise

Rückreise mit der Bahn

Umstieg: Berlin Hbf

Zielbahnhof: S-Bahnhof Priesterweg

Der Startpunkt für diesen historisch interessanten Spaziergang ist der S-/U-Bahnhof Yorckstraße im Süden von Berlin.

Los geht es! An der Yorckstraße, über die sich einst 45 Eisenbahnbrücken spannten, beginnt die Schöneberger Tour. Hier eröffnet sich die Schöneberger Insel – auch „Rote Insel" genannt. Die Insel wird durch die Yorckstraße im Norden, den S-Bahnhof Schöneberg im Südwesten und das Südkreuz im Südosten abgegrenzt.

Wir halten uns stets in Richtung Süden. Über die Katzlerstraße steuern wir geradewegs auf den Alten St.-Matthäus-Kirchhof zu. Ein Besuch auf dem historischen Friedhof mit seinen jahrhundertealten denkmalgeschützten Mausoleen und Grabmälern lohnt sich – denn hier ruhen auch die Gebrüder Grimm. Südwärts über die Monumentenstraße kreuzen wir dann die Julius-Leber-Brücke und gelangen auf die Leberstraße. Um 1900 war dies die Hauptgeschäftsstraße mit unzähligen Kneipen und Geschäften und bildete mit der Cherusker- und Gotenstraße das Herz der „Roten Insel". Schlendert man ein wenig die Leberstraße hinunter, steht man sogar vor dem Geburtshaus Marlene Dietrichs. Wir durchqueren nun diese Straßen und gelangen zum Gasometer, das mit seinen 78 Metern majestätisch in den Himmel ragt. Erbaut wurde es 1907 und gehörte damals zu den drei größten Gasometern Europas.

Anschließend richten wir uns nach Osten über den Annedore-Leber-Park zum Südkreuz. Geht man beim Gebäude des Südkreuzes entlang, gelangt man auf eine Brücke, die über die Autobahn führt und den Beginn des Südgeländes einleitet. In baldiger Sichtweite erhebt sich eine weitere Brücke, die nun über die Bahngleise in das Südgelände hineinreicht.

Im Südgelände lassen wir uns von den Pfaden und Stegen – ehemalige Gleise, die mit weichem Rindenmulch ausgelegt sind – leiten. Eine 18 Hektar große Oase eröffnet sich mit seltenen Tier- und Pflanzenarten. Die Pfade führen durch einen Tunnel aus Lianen und Birken, der im Sommer grün erstrahlt. Entlang der Stege tauchen vereinzelte Relikte auf: Eine Drehscheibe, eine ausgemusterte Dampflokmotive, Ruinen, ein alter Wasserturm und schlussendlich der ehemalige Rangierbahnhof mit Lokomotivhalle. Weiter an der Lokomotivhalle entlang gelangen wir zum südlichen Eingang des Parks. Zum Abschluss lohnt sich hier ein Abstecher zur Siedlung Lindenhof. Orientiert an der „Gartenstadt" war

diese Siedlung in den 1920er Jahren eine der bekanntesten in Berlin. Sie zeichnete sich durch die Möglichkeit der Selbstversorgung durch Gärten, zahlreiche Gemeinschaftseinrichtungen und parkähnliche Freiflächen mit Weiher aus.

Der Rückweg kann über den gleichen Weg angetreten werden, doch biegt man dann links neben der Lokomotivhalle ab und gelangt so zu einem weiteren Ausgang, der direkt im S-Bahnhof Priesterweg mündet.

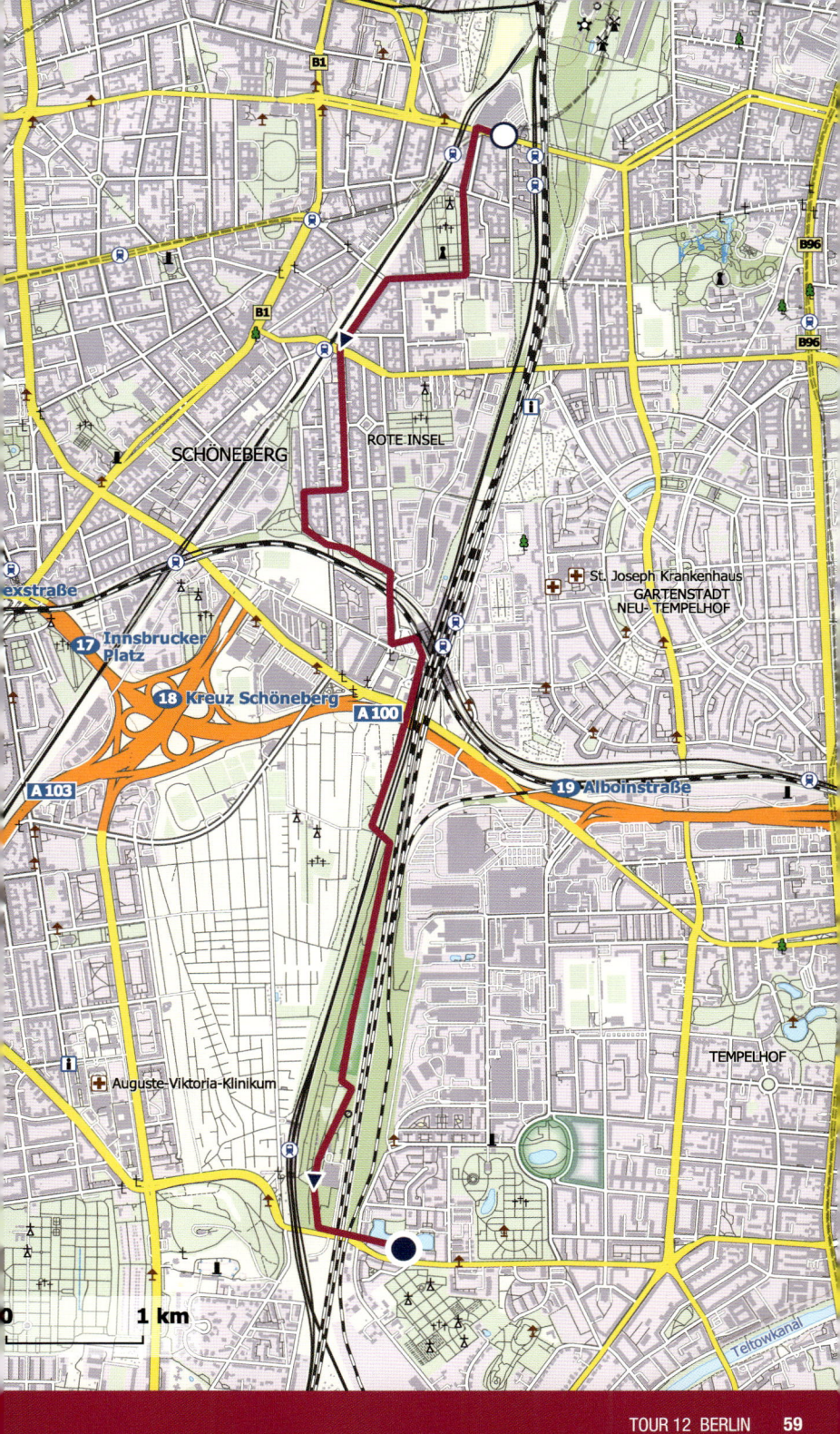

Radtour durch die
13 LEINEAUE

Anreise
Anreise mit der Bahn

Umstieg: Hannover

Zielbahnhof: Hannover-Linden/ Fischerhof

Rückreise
gleich wie die Anreise

Start/Ziel
MASCHSEE IN HANNOVER

Rundtour

38,6 Kilometer

2:50 Dauer

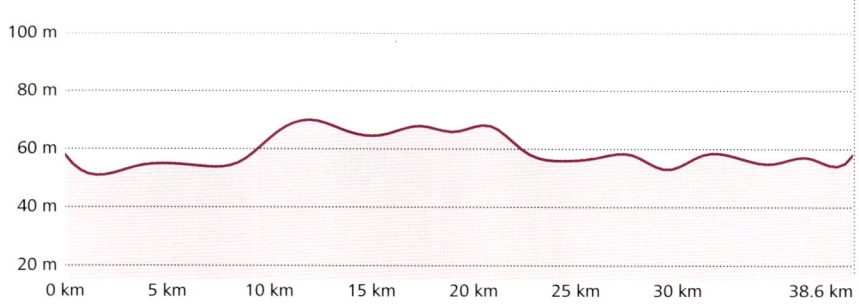

Diese ruhige und flache Tour beginnt am Parkplatz beim Strandbad des Maschsees in Hannover.

Los geht es! Wir fahren nach 400 Metern links unter der Brücke hindurch, folgen dem Hinweis Hemmingen 3,0 km, überqueren die Leinebrücke und biegen scharf nach links vor den Ricklinger Badeteichen ab. Weiter geht's auf der Straße Döhrener Masch unter dem Schnellweg und zwischen Kleingärten hindurch bis zur Brückstraße. Diese überqueren wir an der Verkehrsinsel, fahren weiter geradeaus auf dem Döhrener Wolle-Platz, dem Weißdornweg und dem Schwarzen Weg bis zur L 389/Wilkenburgstraße. Dem roten Pfeil folgend fahren wir links bis zur Brücke, queren vor ihr die Straße und fahren auf der anderen Seite auf einem schmalen Weg an der Leine entlang. Es geht nach links über eine Holzbrücke und weiter im Zickzack, bis rechts (roter Pfeil nach rechts und blaue Pfähle) das Wegeschild „In den Mühlenbreiten" den Weg zum Wiesendachhaus weist, das Einkehr- und Spielmöglichkeiten auf einer großen Wiese an der Alten Leine bietet. Das dicht bewachsene Ufer bietet schöne Aussichten.

Die Fahrt wird rechts des Wiesendachhauses in südlicher Richtung fortgesetzt. Wir folgen dem Hinweis Grüner Ring, der im Zickzack durch das Naturschutzgebiet der Leine führt und stoßen später auf einen Wegpfosten, der „Innere Schleife" (links) und „Basisring" (rechts) anzeigt. Unsere Tour folgt dem Hinweis nach rechts (Hinweis „Laatzen-Mitte 3,6 km"). Kurz nach dem Aussichtsturm verlassen wir den Grünen Ring und nehmen den nächsten Weg (Harkenblecker Furt) nach rechts. Wir überqueren eine Brücke, fahren bis zu einer T-Kreuzung und biegen nach links auf den Maschweg in Richtung Harkenbleck ab. Auf dem Steinbrink circa 100 Meter nach links und dann nach rechts in die Straße Im Häge abbiegen. Beim nächsten Abzweig links fahren, um einen Blick auf die 1412 als Wehrkirche erbaute Kapelle zu werfen. Weiter geht es auf der Straße An der Kapelle bis zur Arnumer Straße. Wir biegen links ab, überqueren die Kreuzung und fahren auf dem Radweg nach Reden. Die Landstraße führt durch Reden und vor dem Ortsende an den umfangreichen Anlagen des Rittergutes Reden vorbei. Hinter dem Ortsende vor einer Rechtskurve verlassen wir die Straße nach rechts in Richtung Pattensen. Nach circa 50 Metern befindet sich auf der linken Seite ein gelb-weißer Pfahl und ein Infoschild zum „Leineauen-Weg". Wegweiser führen am romantischen Fuchsbach entlang nach Pattensen. Vor den ersten Häusern biegen wir links zum Ende des Parkplatzes ab. Vor der Brücke über den Fuchsbach folgen wir dem Hinweis des Pattenser Rundwegs über die Brücke. Nach rechts geht es zum Fuchsbachpark, von hier ist es nur noch eine kurze Distanz bis zur historischen Altstadt von Pattensen.

Der Ort wird über die Steinstraße verlassen, die auf die Göttinger Straße stößt. Wir überqueren sie und setzen die Fahrt auf der anderen Seite bis zum Helweg hinter dem Friedhof fort. Er führt geradeaus durch ein Wohngebiet, später durch ein Industriegebiet über die B 3 hinweg, die gelb-weißen Pfosten des Koldinger-Seen-Weges begleiten uns. Der Weg führt bis zu einer T-Kreuzung leicht bergan, hier biegen wir links ab und folgen den gelb-weißen Markierungen bis vor Koldingen. Wir bleiben geradeaus bis zur Kreuzung des Jeinser

Wegs mit dem Ruther Weg. Hier rechts ab und auf dem Ruther Weg aus dem Ort hinaus. Auf dem Weg durch die Felder werden kurz vor Ruthe das Gelände des Expo-2000-Projektes GEO 600 der Uni Hannover und eine Versuchsstation der Uni Hannover sowie danach das Lehr- und Forschungsgut der Tierärztlichen Hochschule Hannover passiert. Ruthe wird über die Straßen Jagdweg und Schäferberg erreicht, wir halten uns nach links durch den Ort in Richtung Hannover. Die Leine wird überquert, weiter geht die Fahrt durch Ruthe bis zum Spielplatz und nach links in Richtung Innerstebrücke.

An der Brücke haben wir den Wendepunkt der Tour erreicht. Der Hinweis Hannover 22 km zeigt den Rückweg Richtung Norden an. Die Tour führt 4 Kilometer zwischen den Koldinger Seen, an Aussichtstürmen und Infotafeln vorbei bis zu einem Parkplatz vor der B 443. Wir fahren auf der asphaltierten Zufahrt hoch zur B 443, biegen nach links ab und überqueren auf dem Radweg die Leine. Im Ort wird die B 443 in der Linkskurve überquert, wir setzen die Tour auf dem Eschenweg fort (Hinweis Leine-Radfernwanderweg und roter Pfeil nach rechts). Der Eschenweg wird später zu einem aus zwei Betonstreifen bestehenden Feldweg. An einem Schilderbaum verläuft die Tour weiter geradeaus (Hinweis „Laatzen 4,8 km"). Auf der linken Seite stößt die Spitze eines kleinen Wäldchens an den Radweg, eine Tafel informiert unter anderem über die hier befindliche 350 Jahre alte Eiche.

Die Tour verläuft weiter in Richtung Grasdorf, über die Leinebrücke, hinter der sich ein Schilderpfahl befindet. Hier folgen wir dem Schild „Hannover 15 km" nach links. Bis zum NABU-Haus in Grasdorf verläuft die Fahrt rechts der Leine. Die Fahrt wird auf dem schmalen Weg, der direkt an dem großen Liegestuhl beginnt, an der Leine geradeaus Richtung Hannover fortgesetzt. Geradeaus auch da, wo die Wege Neue Wiesen und Peterskamp sich kreuzen. Der zunächst mit Verbundsteinpflaster befestigte Weg mündet auf die Leinerandstraße. Am Ende dieser Straße fahren wir nach rechts in die Talstraße und biegen nach 100 Meter links in den Steinbrink ab. Der Weg führt im Zickzack Richtung Hannover. Wir bleiben auf diesem Hauptweg und folgen nicht dem mit Verbundsteinpflaster befestigten Weg nach links. Nach einer Rechts-/Linkskurve fahren wir am Gelände eines Bogenschützenvereins und Restaurant der Schützen vorbei. Die Straße wird überquert, rechts liegt das Bahnradstadion. Auf diesem Weg (Wülfeler Maschweg) geht es geradeaus bis zu einer T-Kreuzung. Hier biegen wir links ab und fahren nach 200 Metern vor der Brücke wieder rechts vor der Leine bis zum Wehr weiter.

Die roten Pfeile zeigen den Weg zunächst nach links über die Brücke, dann nach rechts und hinter dem Brückenhaus wieder nach rechts an. Hinter dem Brückenhaus verläuft die Tour nach links. Auf diesem Weg wird die Brückstraße unterquert und die Fahrt auf dem Radweg Richtung Hannover fortgesetzt. Nach ungefähr 500 Metern folgen wir dem Schild „Maschsee 1,0 km" nach links an die Leine und fahren an der bekannten „blauen Brücke" nach rechts. Die Hinweise Maschsee leiten von der Leine weg, unter der Eisenbahnbrücke hindurch und danach nach rechts in Richtung Ausgangspunkt.

TOUR 13 LEINEAUE

Wandertour durch die
14 WESTRUPER HEIDE

Start/Ziel
HALTERN AM SEE

Rundtour
7,1 Kilometer
2:00 Dauer

Anreise

Anreise mit der Bahn

Umstieg: Essen Hbf

Zielbahnhof: Haltern am See

Rückreise

gleich wie die Anreise

Start und Ziel dieser kurzen und entspannenden Waldwanderung ist der Parkplatz Westruper Heide an der Landstraße (Flaesheimer Damm) von Flaesheim zum Halterner Stausee.

Los geht es! Diese landschaftlich ausgezeichnete Heide- und Waldwanderung führt durch die Westruper Heide zum Halterner Stausee und berührt zuletzt die Wacholderdüne mit ihren mehr als 300 bis zu 5 Meter hohen Wacholdern. Sie bedeckt rund 66 Hektar des dünenartig aufgewehten, welligen Sandgebiets zwischen Lippe und Stever südöstlich des Halterner Stausees. Von August bis Anfang September verwandeln sich die Heideflächen, in denen zum Teil uralte Kiefern als Einzelbäume leben, in ein violettes Blütenmeer. Schafe verbeißen angeflogene Bäume und halten die Heideflächen frei von Verwaldung.

An der Einfahrt zum Wanderparkplatz Westruper Heide queren die Rundweg-Markierungen A1/3/5 die Landstraße Flaesheimer Damm und führen geradeaus in die Westruper Heide. Der markierte Weg leitet am Rand dieses eindrucksvollen Heidegebiets mit Wacholdern und alten Einzelkiefern entlang, mehrfach zweigen Wege in die Heide ab, in der Sitzbänke zur Rast einladen. Geht man durch den Kieferngürtel links, sieht man ein großes Sandabbaugelände. Schließlich erreicht der Weg das Hotel Seehof mit Biergarten am Halterner See. Nach Queren der Bundesstraße beim Seehof führen die Markierungen A4 und x kurz längs der B 58 aussichtsreich rechts. Gleich darauf zweigen A4 und x bei einem weiteren Biergarten halb links in die Wälder am Ufer des Halterner Sees ab. Der Blick schweift auf die Overrather Insel mitten im See, links zeigt sich der Strand, dahinter ragt der Kirchturm von Haltern aus den Wäldern.

Bei der Verzweigung, wo sich die x-Markierung waldeinwärts wendet, laden Sitzbänke zu gemütlicher Rast ein, der Rundwanderweg A4 folgt der aussichtsreichen Uferpromenade weiter geradeaus. Am Naturschutzgebiet Seebucht Hoher Niemen – hier springt in der Nähe der von der weißen Antoniusbrücke überspannten Mündung der Stever eine von Birken bewachsene Landzunge weit in den See vor – schwingt der A4-Weg rechts zum Parkplatz beim US-Restaurant Lakeside Inn an der Landstraße Stockwieser Damm (Motorrad- und Wanderparkplatz). Vom Parkplatz beim Lakeside Inn folgt die Markierung x10 der Landstraße im Wald südwärts zur Ampelkreuzung an der B 58. Kurz nach Queren der Bundesstraße zweigen die A-Markierungen links in den Forst hin-

ein ab. Während A1/2 gleich nach rechts führen (Abkürzung), folgen wir der A3 zur im Wald versteckten Wacholderdüne Sebbelheide. Von hier leitet A3 weiter zum Weiler Westrup und zurück zum Ausgangspunkt.

15 HARZ
Wandertour im

Start/Ziel
ILSENBURG

Rundtour
15,6 Kilometer
4:00 Dauer

Anreise

Anreise mit der Bahn

Umstieg: Goslar

Zielbahnhof: Ilsenburg

Rückreise

gleich wie die Anreise

Ausgangspunkt und Ziel dieser ausgedehnten und abwechslungsreichen Rundtour durch eine klassische, ursprüngliche deutsche Mittelgebirgslandschaft ist der Parkplatz beim Forellenteich an der Harzburger Straße in Ilsenburg. Es geht teilweise über felsige Wald- und Wurzelwege im Ilsetal, danach folgen bequeme Forst- und Waldwege.

Los geht es! Der von beachtlichen Wasserfällen, urwüchsigen Buchenwäldern und schroffen Felsszenerien geprägte Schluchtabschnitt des Ilsetals von Ilseburg bis hinauf zu den Ilsefällen gehört zu den schönsten Harztälern. Er liegt teils an der Grenze des Nationalparks Harz und teils im Naturschutzgebiet Rohn- und Westerberg, zu dem auch die Hänge und Felsen auf beiden Seiten des Tals gehören, darunter der rund 150 Meter senkrecht aus dem Tal aufragende Ilsestein, einer der schönsten Aussichtspunkte des Harzes.

Vom Forellenteich in Ilsenburg folgt die x-Markierung des Europäischen Fernwanderwegs 11 einer Promenade mit Blick auf die Stadt, die Türme des Schlosses und den Eingang des Ilsetals zum Markt und durch die von Holz- und Fachwerkhäusern gesäumte Rudolf-Breitscheid-Straße übergehend in den Mühlenweg und zum zentralen Wanderparkplatz Blochhauer, wo der Heinrich-Heine-Weg (Grünstrich) beginnt und längs der Ilse unter alten Bäumen aufwärtsführt. An der Blankschmiedebrücke befinden sich die letzten Parkplätze, der Heinrich-Heine-Weg zweigt an der nächsten Brücke auf einen felsigen Weg im Buchenhochwald neben der Ilse ab.

Wenig später überquert er den Bergbach auf der Ernst-Helbig-Stegbrücke (Harzer Landschaftsmaler der Romantik, 1802–1866), tritt nach Queren der Ilsetalstraße am Zanthierplatz (Schutzhütte) am Fuße des Ilsesteins in das Naturschutzgebiet Rohn- und Westerberg ein und folgt der Ilse auf einem bequemen Waldweg weiter aufwärts. Wir bleiben links des über Blockwerk tanzenden Bachs, passieren eine gewässerkundliche Messstation und eine Stegbrücken-Abzweigung zur Plessenburg (Aufstieg auf der Fahrstraße) und kommen in einen blockreichen, hallenartigen Buchenhochwald. Vorübergehend verwandelt sich der Weg in einen Steilhangpfad, wir passieren am Ende des Naturschutzgebiets erneut eine Brücke, wechseln an der Mündung des Sandtalbachs vorübergehend in das Große Sandtal, überqueren den Sandtalbach auf der nächsten Brücke und erreichen eine Wegverzweigung.

Hier geht es geradeaus zum Beginn der Ilsekaskaden. Vor dem ersten der Unteren Ilsefälle überquert der Heinrich-Heine-Weg den Bach, passiert eine Rastanlage mit Sitzbänken und Tisch und führt steinig hinauf zum Heine-Denkmal, wo im Bereich der Oberen Ilsefälle erneut Sitzbänke zur Rast laden. Steinig führt der an nassen Stellen mit Bohlen ausgelegte Pfad im Hang über dem Wasserfallbach aufwärts, dann flacht das Gelände ab. An der Verzweigung Bremer Hütte/Rote Brücke geht es scharf links weiter auf den Unteren Gebbertsweg, einem Wirtschaftsweg (Markierung grünes Dreieck), der kurz aufwärts und dann bequem im Hang durch Fichtenforste zum Ausflugslokal Plessenburg führt.

Auf der für den öffentlichen Verkehr gesperrten Zufahrt geht es hinab zur Wanderbus-Haltestelle, dort zweigt der schmale Waldweg Richtung Ilsenburg ab (Rotpunkt-Markierung) und führt zur Paternosterklippe, einem hervorragenden Aussichtspunkt mit Blick zum Brocken und in das Ilsetal, aus dem das Rauschen der Wasserfälle heraufdringt. Nun senkt sich der Weg im Wald hinab zur Ilsesteinquelle, die in einem Blockmeer zutage tritt und führt hinauf zum riffartigen, geländergesicherten Gipfel des 150 Meter aus dem Tal aufragenden Ilsesteins, wo eine weitere autofreie Ausflugsgaststätte zum Verweilen einlädt. Weit schweift der Blick nordwärts über Ilsenburg hinaus auf das Harzvorland, während im Süden der mächtige Brocken über dem tief eingeschnittenen Ilsetal wacht. Das Brausen der Wasserfälle dringt hier herauf bis zur Spitze des Felsens.

Im hallenartigen Buchenmischwald führt der Weg an den Adlerklippen und weiteren im Steilhang anstehenden Felsen vorbei zu einer Hütte und verwandelt sich dort in einen Pfad, der, teils in Serpentinen, zum zentralen Wanderparkplatz Blochhauer in Ilsenburg zurückführt.

Radtour entlang der
16 SAALE

Anreise

Anreise mit der Bahn

Umstieg: Leipzig

Zielbahnhof: Halle (Saale)

Rückreise

Rückreise mit der Bahn

Umstieg: Köthen

Zielbahnhof: Bernburg

von
HALLE

nach
BERNBURG

59,2 Kilometer
4:45 Dauer

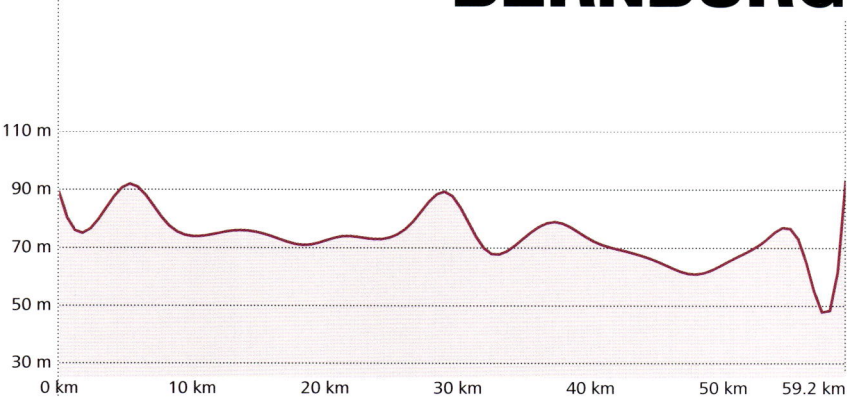

Die familienfreundliche Radltour beginnt am Marktplatz von Halle.

Los geht es! Als erstes geht's vom Marktplatz bis zur Stadtautobahn/Glauchaer Platz. Nun an der Fußgängerampel auf die rechte Seite der Glauchaer Straße queren. Auf dem Radweg bleiben, stadtauswärts, dann rechts abbiegen in die Wilhelm-Jost-Straße. Wir kommen direkt zur Saalebrücke und überqueren sie. Sofort nach dem VW-Betriebsgelände fahren wir rechts auf den Radweg neben dem „Holzplatz". Vorbei an Gebäuden, der Radweg neben der Straße führt dann zum Wehr, unter der Brücke hindurch und weiter zur Mansfelder Straße. Beim Möbelhaus überqueren wir die Straße und folgen dem Radweg auf der rechten Seite nach links, wir überqueren eine weitere Brücke, dann geht's rechts ab. Am Tennisclub vorbei und über die kleine Brücke in den Gimritzer Park auf der Südspitze der Peißnitzinsel.

Wir folgen dem gekennzeichneten Weg über die Ausflugsinsel bis zu einem Rondell mit zwei Biergärten. Hier biegen wir rechtwinklig nach links ab und überqueren die Schienen sowie eine Fußgängerbrücke. Danach sofort rechts abbiegen und hinunter zum Radweg, ohne auf die verwirrenden Schilder zu achten. Der Weg führt zunächst in den Vorort Kröllwitz und zur Saalebrücke. Wir bleiben links der Saale, unterqueren die Brücke und stoßen auf eine Y-Kreuzung. Jetzt wird die Orientierung etwas schwierig: Nicht in die Linkskurve hineinfahren, sondern in etwa geradeaus, der Weg führt den Berg leicht, aber lang gezogen hinauf. Es geht am „Krug zum grünen Kranze" vorbei. Wir bleiben auf der Talstraße, die zur Lettiner Straße wird. Weiter bergauf, durch Alleen und Kleingärten, über die Äußere Lettiner Straße und die Siedlung Trotha.

Nach dieser stoßen wir wieder auf eine Y-Gabelung. Hier geht es halb links in einen Feldweg, über eine kleine Brücke und vorbei an einer Kläranlage. An der nächsten Y-Gabelung links in die Dachstraße. Auf der Nordstraße durchqueren wir den Weiler Lettin. An der Kreuzung mit der Inselstraße biegen wir rechts weg, fahren durch die Domänenstraße zur Uferstraße und am Ortsende an einer schön gelegenen Pension vorbei. Wir folgen der kurvigen Nebenstraße, die dann in das Sträßchen Im Park übergeht, stoßen auf die L162 und biegen sofort nach rechts, um zur Fähre zu gelangen. Dann gelangen wir nach Brachwitz, wo wir auf den „Saaleweg" stoßen und ihm nach links folgen. Wir radeln auf der L162 und folgen dem Radweg durch Felder und eine Baumallee nach Döblitz und später nach Müchlen.

Weiter geht es entlang des Straßenverlaufs bis unterhalb des Schlosses von Wettin und auf unebenem Weg weiter entlang der Saale. Der Weg wird besser und wir fahren in leichtem Auf und Ab auf einen Berg mit etlichen Windmühlen zu, die Beschilderung ist eindeutig, der Weg nun großteils asphaltiert. Wir kommen an den Lowitzer Bergen vorbei, die Aufstiege sind allerdings moderat. So kommen wir an Dobis vorbei und bleiben rechts der Saale, es folgen wieder einige kleine Aufstiege, bevor wir Rothenburg erreichen. Dann geht's in einen Waldweg über und wir stoßen auf den Fluss und eine Fähre. Wir durchfahren Rothenburg und halten uns links auf dem bahnbegleitenden Radweg. Dann führt der Weg über die Bahnlinie links hinunter ins Saaletal, schwenkt aber bald wieder nach rechts zur Bahnlinie zurück und folgt ihr links daneben. Wir fahren an einem Industriegebiet vorbei und kommen zur schön gelegenen Georgsburg. Wir unterqueren die Brücke und folgen dem Weg nach rechts, von der Saale weg, durch die Eisenbahnunterführung und folgen dem beschilderten Hangweg nach Trebnitz.

Der Weg führt weiter nach Zweihausen. Wir fahren auf einem Radweg neben der Straße und gelangen in den Weiler Mukrena, wo es hinauf zur Brücke nach Alsleben und über die Saale hinüber geht. Nach der Brücke halten wir uns sofort rechts und folgen der kleinen Straße in den Ort hinein. Am Saaleplatz dem Fahrradschild nach, durch die Fischerstraße, die in die Mühlstraße und anschließend in die Bernburger Straße übergeht. An der Radscheune vorbei und durch Kleingärten erreichen wir die Saalemühle Alsleben.

Wir bleiben auf dem Weg, der uns nun in einem Bogen zu der gigantischen Saale-Autobahnbrücke führt, die links der Saale durchfahren wird. Wir radeln unterhalb von Großwirschleben vorbei und bleiben neben der Saale, bis wir das Schloss von Plötzkau vor uns sehen. Auf einem markierten Weg verlassen wir die Saaleschleife und gelangen über Stufen zum Hintereingang des Schlosses. Dieser etwa 20-minütige Abstecher lohnt sich.

Wieder auf dem Radweg folgen wir weiter den Saaleschleifen und dem Alt-Saale-Arm, bis wir in Auwald fahren. Wir folgen jetzt unbedingt dem Schild, das uns an einer Raststelle vorbeileitet und zur Fußgängerbrücke bei Gröna führt. Wir fahren hinüber und biegen nach links ab. Was wie ein Kloster oder ein ehemaliges Schloss aussieht, ist „nur" ein sehr großes bäuerliches Anwesen. Wir halten uns links und folgen dem Weg über Kopfsteinpflaster bergauf und bergab, bis wir wieder den Saaleradweg neben dem Fluss erreichen, dem wir folgen. Wir radeln unterhalb von Neuborna vorbei und wählen an der nächsten Y-Gabelung den am Wasser liegenden Weg. Vorbei an Bootsclubs und einem Biergarten gelangen wir schließlich zu einem kleinen Platz am Ufer. Es ist hier etwas schwierig, den richtigen Weg zu finden, weil die Schilder wenig hilfreich sind.

1. Variante: Wir fahren unterhalb des Schlosses nach rechts, dann nach links und schieben die steile Rampe hinauf bis zum Schloss. An der Aussichtsterrasse mit Fernrohr halten wir uns links und stehen vor dem Haupteingang des Schlosses. Danach fahren wir weiter durch die Friedensallee zum Karlsplatz, der zugleich der Marktplatz von Bernburg ist.

2. Variante: Wir fahren unterhalb der Burg am Wasser weiter, bis das Schild nach rechts zum Marktplatz weist. Dort fahren (bzw. schieben) wir den Berg hinauf und sind in der Altstadt und am Marktplatz.

¹⁷SÄCHSISCHE SCHWEIZ
Radtour durch die

von
PIRNA

32,4 Kilometer
3:00 Dauer

nach
SCHÖNA

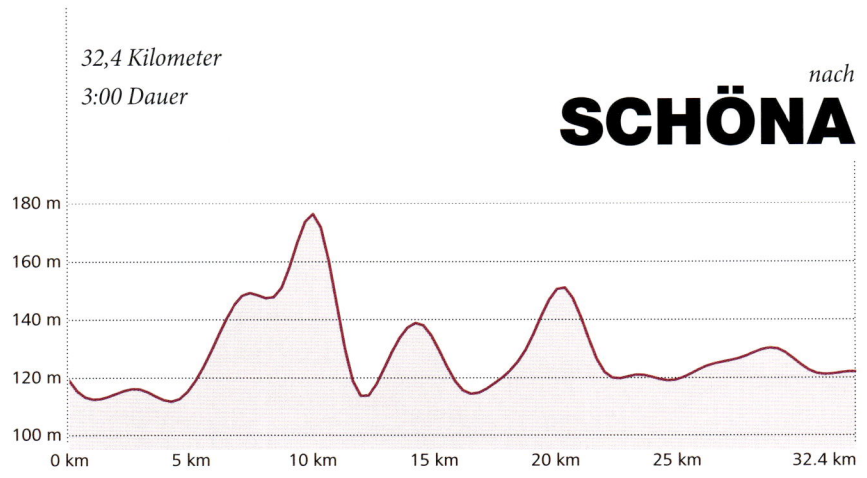

Anreise

Anreise mit der Bahn

Umstieg: Dresden Hbf

Zielbahnhof: Pirna

Rückreise

Rückreise mit der Nationalparkbahn (U 28)

Umstieg: Bad Schandau

Zielbahnhof: Schöna

Ausgangspunkt dieser leichten Streckenfahrt in der Hauptwindrichtung ist die Elbpromenade (Elbspielplatz) vor der Altstadt von Pirna am Ende der Brückenstraße beim Zwinger-Parkplatz.

Los geht es! Von Pirna, dem Tor zur Sächsischen Schweiz, folgt der Elberadweg parallel zur Bahnlinie dem Südufer des Flusses autofrei flussaufwärts zum S-Bahnhof Obervogelgesang im gleichnamigen Pirnaer Ortsteil; auf der Elbwiese unterhalb von Bahnhof und Gasthof befindet sich ein Rastplatz mit Blick auf die bewaldeten Steilhänge des Elbtals. Autofrei geht es mit Aufblicken in die faszinierenden Felsenwelten des Elbsandsteingebirges weiter flussaufwärts, kurz nach Passieren des Wehlener Erlebnisbads erreicht der Radweg den S-Bahnhof Stadt Wehlen in Pötzscha. Hier besteht die Möglichkeit mit der Fähre in das pittoreske Elbstädtchen Wehlen überzusetzen, wo sich die Radfahrerkirche Wehlen befindet: Radfahrergottesdienste, Ausstellungen, Orgelkonzerte, Sommermusiken – hier ist von April bis Oktober immer etwas los. In Wehlen bietet es sich an, auf dem autofreien Nordufer zu bleiben, es geht am Fuß der Felswände und am Rand des Nationalparks ins autofreie Niederrathen, dem Hauptausgangspunkt für Nationalparkwanderungen.

Der Hauptstrang des Elberadwegs verlässt Pötzscha auf der Bahnhofstraße und führt zu Füßen des Rauensteinmassivs mit herrlichen Ausblicken zum S-Bahnhof Kurort Rathen in Oberrathen; hier besteht die Möglichkeit, mit der Fähre in den autofreien Kurort überzusetzen und Ausflüge zu gleich mehreren der berühmtesten Stellen der Sächsischen Schweiz zu unternehmen: Amselgrund, Schwedenlöcher und Bastei.

Von Oberrathen führt der Elberadweg in straßenferner Panoramafahrt am Südufer weiter; Hauptblickfang ist der monumentale Lilienstein, zum S-Bahnhof Königstein am Fuß der gleichnamigen Felsenfestung, einer Hauptsehenswürdigkeit der Sächsischen Schweiz. Hier geht es, um der Nähe der Bundesstraße zu entfliehen, mit der Fähre in den Weiler Halbestadt ans ruhige Nordufer, wo der Lilienstein den Fluss zu einer großen Schleife zwingt. Zu Füßen des Liliensteins führt der Radweg flussaufwärts in den Elbhafenort Prossen, Ortsteil von Bad Schandau, und – vorbei an der einzigen Elbstraßenbrücke der Sächsischen Schweiz oberhalb von Pirna – in den Kneippkurort Bad Schandau an der Mündung der Kirnitzsch. Hier befindet sich das Nationalparkzentrum Sächsische Schweiz mit einer Ausstellung über die Nationalparks Sächsische Schweiz und Böhmische Schweiz (Achtung! In Bad

Schandau gibt es zwei Fähren: Den Bahnhof am linken Elbufer steuert die erste Fähre an, die Bahnhofsfähre).

Vom Elbkai in Bad Schandau führt der Elberadweg auf der Promenade am Nordufer des Stroms an den Ausflugsdampfer-Anlegestellen vorbei flussaufwärts. Nach Überqueren der Kirnitzsch zieht der Ostrauer Aufzug alle Blicke auf sich; dieses unter Denkmalschutz stehende öffentliche Verkehrsmittel transportiert auch Fahrräder. Während der Fahrt am Nordufer wird man sich bald überlegen, ob man hier tatsächlich die Fahrt neben der Bundesstraße fortsetzen will. Wenn nicht, von Postelwitz pendelt eine Wander- und Fahrradfähre nach Krippen, wo sich ein S-Bahnhof befindet. Ab Krippen folgt der Elberadweg vorübergehend dem Caspar-David-Friedrich-Wanderweg. Dieser kulturhistorische Wanderweg folgt den Spuren des Landschaftsmalers von Krippen zur Kaiserkrone, einem der besten linkselbischen Aussichtssteine der Sächsischen Schweiz. Friedrich flüchtete 1813 während der napoleonischen Kriege, denen bis dahin schon mehr als 10 Millionen Menschen zum Opfer gefallen waren, nach Krippen – und musste erleben, wie Napoleon mit seiner Soldateska an der Elbe auftauchte. Dies bestärkte ihn noch mehr, verschlüsselte Bilder zu malen und auf seine Weise gegen den Imperialismus und die napoleonische Fremdherrschaft zu protestieren.

Am Elbufer von Krippen steht zwischen Bahntrasse und Fähranleger die erste von elf Informationstafeln des Caspar-David-Friedrich-Wanderwegs. Er folgt dem Elbufer auf dem Elberadweg aussichtsreich flussaufwärts – über dem Nordufer zeigt sich die imposante Felskette der Schrammsteine. Schon bald ist der kurze Abstecher zur Kleinen Bastei im bewaldeten Steilhang ausgeschildert, sie bietet einen vorzüglichen Blick auf Bad Schandau, die Schrammsteine und zum Winterberg. Die Schrammstein-Kette zwischen Kirnitzschtal und Elbe ist das größte zusammenhängende Felsrevier der Sächsischen Schweiz mit einmaligen Ausblicken auf nahezu das gesamte Elbsandsteingebirge bis weit nach Böhmen hinein. Anders als die berühmtere Bastei sind die Schrammsteine nur im Rahmen einer steilen Wanderung erreichbar.

Wenn sich der Wanderweg in die Bergflanke verabschiedet, bleibt der Elberadweg am Elbufer und führt zum Fähranleger beim S-Bahnhof Schmilka-Hirschmühle. Alle diejenigen, die dem Nordufer längs der Bundesstraße gefolgt sind, wechseln hier auf die Südseite des Flusses. Hier erreicht der Elberadweg wenig später seinen Endpunkt in Deutschland, den S-Bahnhof Schöna kurz vor der tschechischen Grenze. Die Rückkehr zum Ausgangspunkt ist mit der Bahn möglich.

18 FRIENSTEIN
Wandertour auf den

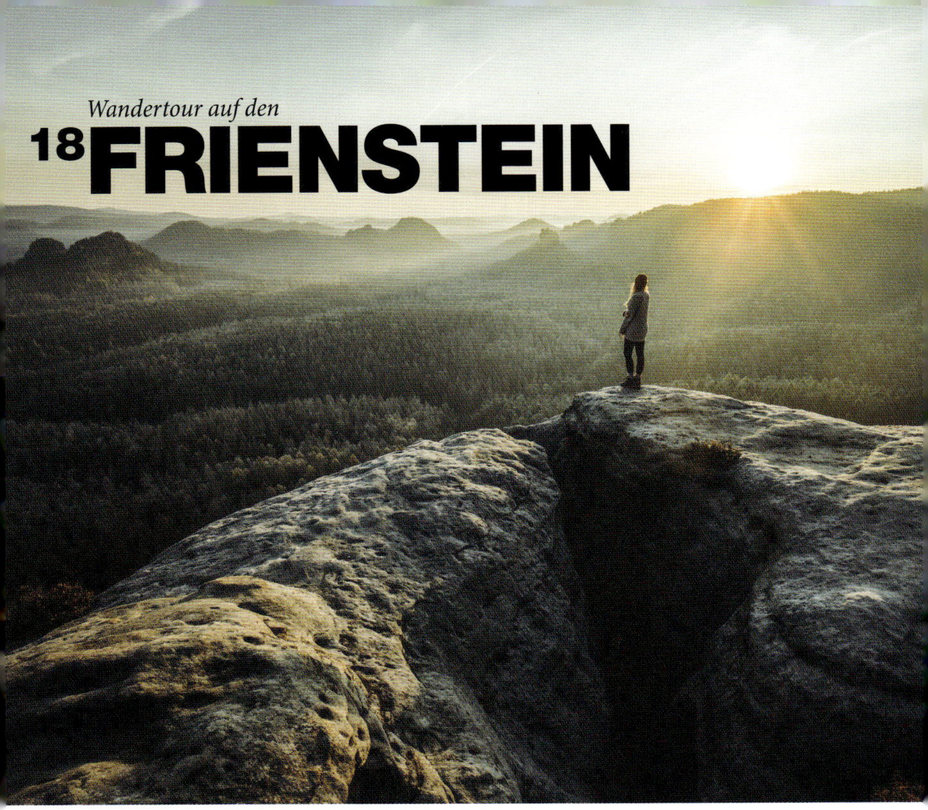

Start/Ziel
LICHTENHAINER WASSERFALL

Rundtour
8,5 Kilometer
3:00 Dauer

Anreise

Anreise mit der Bahn/ Kirnitzschtalbahn

Umstieg: Bad Schandau

Zielbahnhof: Lichtenhainer Wasserfall

Rückreise

gleich wie die Anreise

Startpunkt für diese anspruchsvolle Wanderung ist an der Endhaltestelle Lichtenhainer Wasserfall der Kirnitzschtalbahn.

Los geht es! Am Lichtenhainer Wasserfall überqueren wir die Kirnitzsch und folgen dem Flößersteig/Fremdenweg kurz flussaufwärts, bis der mit Rotpunkt markierte Fremdenweg rechts hinauf in das Münzbachtal wechselt und am Münzborn vorbei zum Kuhstall führt. Eine Stufenanlage führt weiter zum weitläugen Gipfelplateau des Neuen Wildensteins.

An der Kreuzung mit der Zeughausstraße bietet eine Schutzhütte Unterschlupf, wenig später passieren wir den Eichenborn, eine gefasste Quelle, und erreichen eine Verzweigung. Rechts zweigt der Königsweg ab (Rotstrich), der mit imposanten Aufblicken zu den Speichenhörnern durch den Hang führt und später einen Wechsel zum Frienstein ermöglicht.

Diesen Weg nehmen wir nicht, sondern folgen der Rotpunkt-Markierung in steilen Serpentinen weiter aufwärts zur nächsten Verzweigung. Hier zweigt links der Untere Fremdenweg ab (Rotpunkt), während wir rechts auf die Obere Affensteinpromenade wechseln (Grünstrich). Längs dieses Weges (Pfad/Steig) finden sich, teilweise über kurze Abstecher erreichbar, einige hervorragende Aussichtspunkte, zum Beispiel der Kleine Winterberg. An der Verzweigung an der Friensteinquelle verlassen wir die Obere Affensteinpromenade und steigen rechts hinauf zum Sockel des Friensteins.

Zurück an der Friensteinquelle folgen wir der Grünstrich-Markierung hinab zum Königsweg (zusätzlich Rotstrich), wandern auf ihm links und wechseln an der nächsten Verzweigung mit der Grünstrich-Markierung rechts auf den Hinteren Heideweg. Dieser führt hinab in den Dietrichsgrund, der beim Beuthenfall in das Kirnitzschtal ausmündet. Dort befindet sich eine Haltestelle der Kirnitzschtalbahn. Hat man am Lichtenhainer Wasserfall geparkt, folgt man der Kirnitzschtalstraße kurz aufwärts und wandert zum Ausgangspunkt zurück.

Radtour entlang der
¹⁹LAHN

von
BIEDENKOPF

37,1 Kilometer
3:15 Dauer

nach
MARBURG

Anreise

Anreise mit der Bahn

Umstieg: Marburg

Zielbahnhof: Biedenkopf

Rückreise

Rückreise mit der Bahn

Umstieg: Kassel/Gießen

Zielbahnhof: Marburg

Startpunkt dieser bequem zu fahrenden Streckentour ist der Marktplatz (Kriegerdenkmal) in Biedenkopf.

Los geht es! Von Biedenkopf (Marktplatz) aus radeln wir hinunter zur Lahn, überqueren den Fluss und fahren auf den Radweg rechts der Lahn. Wir unterqueren die B62 und fahren den Berg hinauf und beim Altenheim Tannhäuser vorbei. Es geht durch dichten Buchenwald weiter bergauf. Unter uns bildet die Lahn jetzt Altarme. An der nächsten Gabelung halten wir uns in Richtung Cölbe und es geht steil bergab, bevor die Route flach auf asphaltiertem Weg weiterläuft.

Dann geht's beschildert links über die Lahn und die Eisenbahnlinie und der Weg bildet einen Rückwärtsbogen nach Eckelshausen, gekennzeichnet als R2. Am Ortsanfang überquert der Weg die Straße, biegt rechts ein und sofort wieder rechts in Richtung TÜV (An der Biegenwiese). In einem Bogen verlassen wir den Ort in die Wiesen.

Das breite Tal ist auf perfektem Weg schön zu fahren. In geringer Entfernung liegen kleine Weiler. Dann überqueren wir die Lahn nach Friedensdorf. Hier müssen wir ein wenig aufpassen. Vor der Bahnlinie ist das Schild verdeckt. Wir folgen jetzt der Bahnlinie Richtung Cölbe. Über leichte Hügel und Wiesenlandschaft. Dann biegt der Weg bei einem Schild rechts ab, nach Buchenau.

An der nächsten Kreuzung geht es geradeaus. Der Weg biegt dann links ab und bringt uns wieder in Wiesen. Wir fahren beim Campingplatz Auenland vorbei und weiter nach Kernbach. Im Ortskern finden wir das R2-Schild und folgen ihm nach links wieder durch Wiesen. Unvermutet geht es dann durch Wald bis der Lahnweg auf die Waldstraße stößt, der man nach Caldern folgt. Nach rund 1 Kilometer haben wir Caldern erreicht.

Der Weiterweg verläuft zunächst auf der Straße aus Caldern hinaus, an der Mühlenbäckerei vorbei zur Lahnbrücke und zum Biergarten Lahnbrücke. Wir folgen der Beschilderung und radeln völlig flach durch Wiesen und Weizenfelder. Durch einen Tunnel unter der Straße hindurch gelangen wir nach Sterzhausen. Der Weg führt auf der Straße durch den Ort und biegt dann am Wittgensteiner Hof rechts ab. Beim Eiscafé radeln wir vorbei und halten uns dann an der Bahnlinie entlang. Rechts von uns liegen mehrere Seen, manche durch dichtes Gestrüpp vom Weg getrennt. Es rollt gut auf der asphaltierten Strecke. Wir überqueren eine Straße und durchfahren nacheinander die Weiler Goßfelden

und Sarnau. Der Weg macht nun ein paar Schlenker zum Bahnhof Sarnau. Wir verlassen den Ort und fahren wieder zwischen Wiesen und durch ein breites Tal. Wir folgen wieder der Bahnlinie und überqueren mehrere Flussarme. Dann stoßen wir auf einen Betonplattenweg, der uns nach Cölbe bringt. Die Hauptstraße macht hier einen Bogen, dem wir folgen. Zu unserem Etappenziel nach Marburg ist es nun nicht mehr weit (6 Kilometer). Nach dem Ort überqueren wir die Lahnbrücke, fahren sofort links in den Waldweg und folgen der grünen Landschaft der Lahn.

Wir stoßen auf ein Gewerbegebiet, fahren auf der Straße durch den Kreisel und weiter geradeaus. Vor uns am Hang liegt Wehrda. Wir stoßen wieder auf die Lahn, biegen nach links, folgen dem Weg neben dem Fluss und kommen direkt nach Marburg.

Der Weg führt nun unter mehreren Brücken hindurch, teilweise etwas unschön, aber stets unmittelbar neben der Lahn. Wir kommen direkt zur Universität, fahren auf dem kombinierten Fuß-/Radweg daran vorbei und stoßen auf eine kleine Fußgängerbrücke, die rechts von uns liegt.

Wir überqueren diese Brücke und gelangen in ein Einkaufsgebiet. Durch die Fußgängerzone hindurch treffen wir auf die Biegenstraße. Wir halten uns nun links, am Brauereigasthof vorbei und überqueren die große Straße. Anschließend schwenken wir nach rechts und fahren an der alten Universitätskirche vorbei. Danach wiederum rechts halten und das Rad durch die Wettergasse bergauf schieben, bis linker Hand die Barfüßerstraße zum Marktplatz führt. Rückkehr zum Ausgangspunkt per Bahn.

20 BURGENROMANTIK
Wandertour mit

Start/Ziel
SATZVEY

Rundtour
15,1 Kilometer
4:30 Dauer

Anreise

Anreise mit der Bahn

Umstieg: Euskirchen/Bonn

Zielbahnhof: Satzvey

Rückreise

gleich wie die Anreise

Berg- und Talwanderung mit längeren stillen Waldpartien und weiten Landblicken von den Höhen. Bahnhof Satzvey mit Parkmöglichkeit. Bus/Bahn: Eifel-Bahn Köln–Trier. Bus von Mechernich.

Los geht es! Vom Bahnhof folgen wir der Beschilderung „Veybachstraße" nach Satzvey und ab den Bahnschranken dem Krönungsweg (Weg 3): Über die Bahngleise, gleich links über die Straße Am Billig ins Gewerbegebiet. Hinter der Rechts-Links-Kurve noch über den Kühlbach, doch hinter dessen Geländer von der Straße nach rechts, die A 1 unterqueren, und links daneben sanft ansteigen.

Vom Waldrand geht's im hochstämmigen Eichenwald am Billigsknipp kräftig bergauf. Oben folgen wir dem Waldfahrweg nach links, biegen jedoch an der folgenden Kreuzung wieder rechts ab und steigen weiter an. Erst ab einer Linkskurve an einer mächtigen Eiche gehts weniger steil aufwärts.

Vor dem Waldrand steigen wir neben den Wiesen erneut stärker an, bis wir zum Rastplatz Schöne Aussicht (Panorama über Euskirchen und den Naturpark) kommen. Nun nach links, vor dem eingezäunten Militärgelände über den Lauerzberg (Weitblick in die Ahreifel) sanft abwärts und im Billiger Wald noch etwa 750 m in gleicher Richtung weiter, bis an einem rechts abzweigenden Weg ein Zaun samt Gebäude erkennbar ist. Hier geht's auf dem Römerkanal-Wanderweg (Symbol: Tunnelröhre) nach rechts, an der Schranke und einem Wasserwerk vorbei.

Vom Wald neben der Feldflur wandern wir dann abwärts (Blick über die Antweiler Senke). Unterhalb des Ackers rechts, nach einem Linksknick nochmals rechts. An einer Kreuzung rechts, gleich wieder links und abwärts. Dann gehen wir über die K 24 nach Antweiler. Auf der Graf-Schall-Straße abwärts. Von der Linkskurve schwenken wir rechts auf den Weißdornweg ein, bleiben an dessen Knick geradeaus und gehen um den Ortsrand herum. Bald geht's über die L 11 („Oberburg") und geradeaus die Feldflur hinauf zum Waldrand. Dort nach rechts, am Sportplatz links entlang, dahinter rechts, wieder einer Linkskurve entlang und über den Kühlbach nach Lessenich.

Wir gehen schon am Ortsanfang links durch die Gasse Grometsbenden ins Zentrum, entlang der Zieveler Straße links und mit der Stephanusstraße rechts an der Kirche vorbei. Nach einem kurzen Abstieg steigen wir neben der Straße Auf

der Birke links an. Am Friedhof biegen wir rechts ab und unterqueren kurz hinter dem Aufschluss 19 die A1. An der Abzweigung verlassen wir den Weg 3 auf dem Römerkanal-Wanderweg nach links. Etwa 900 m geht es in Etappen mehrfach aufwärts, danach erst leicht bergab und zuletzt zu einem Querweg unterhalb Aufschluss 18b, der zu den (von hier nicht erkennbaren) Katzensteinen führt. Nach rechts wieder auf den Krönungsweg und stets in dieser Richtung gut 1 km fast gleichmäßig abwärts. Ab einer mehrteiligen Kreuzung wenden wir uns nach links und gehen steiler

neben dem Siefenbach weiter und über die L 61 ins Veytal. Wir überschreiten die Bahnlinie und bald auch den Veybach, bevor wir zum Ortsrand von Satzvey ansteigen. Am Bildstock des Auferstandenen geht's nach rechts, dann geradeaus und am Friedhof entlang.

Neben der Kirche führen Stufen bergab. Wir wenden uns nach rechts und gehen an der Wasserburg Satzvey vorbei. Die nächste Querstraße leitet uns rechts zum Bahnübergang. Vor den Schranken kommen wir schließlich links auf der Veybachstraße zum Bahnhof.

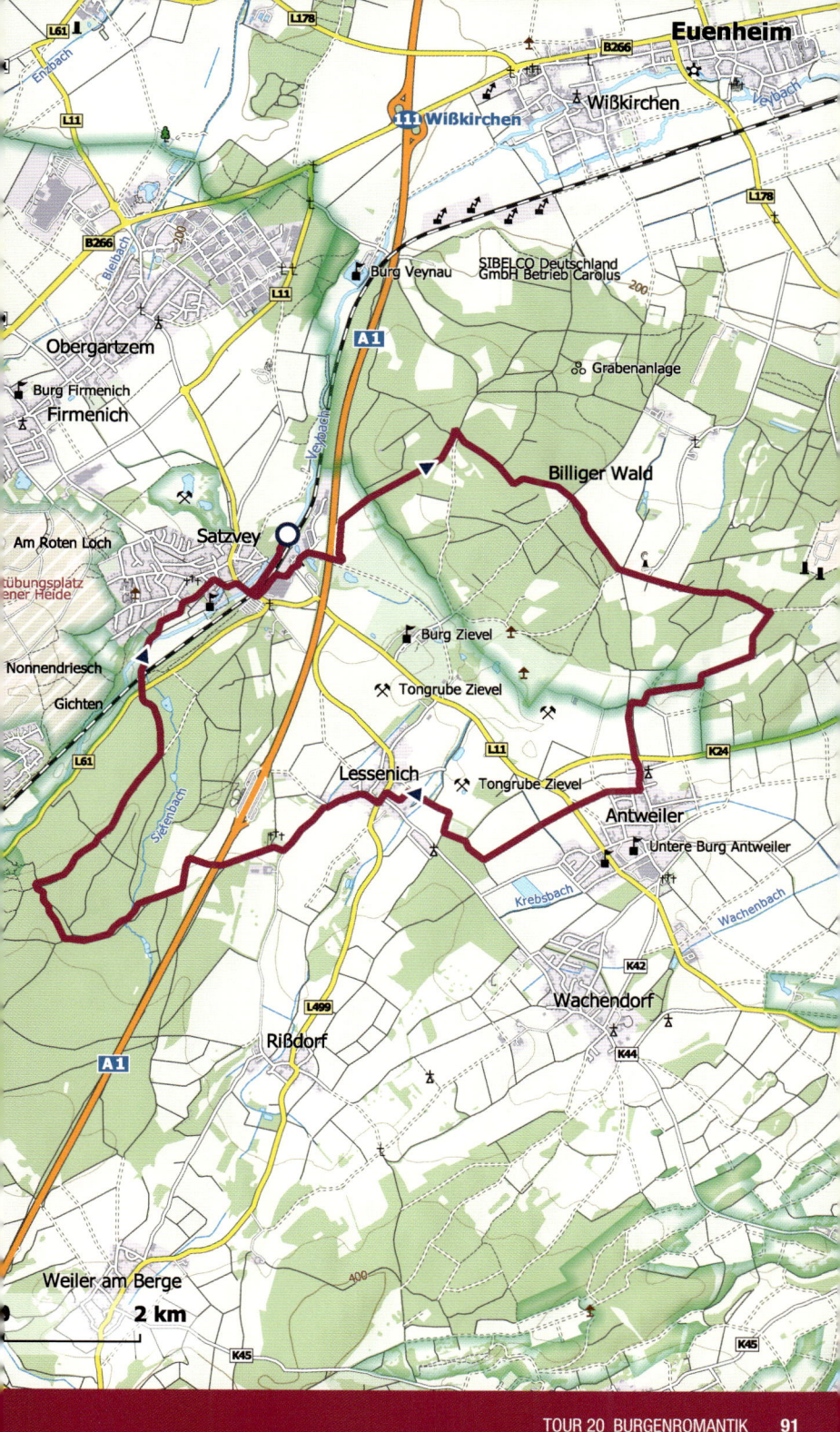

Anspruchsvolle Wandertour durch die

21 SÜDOSTEIFEL

Start/Ziel
MONREAL

Rundtour
11,1 Kilometer
4:00 Dauer

Anreise

Anreise mit der Bahn

Umstieg: Andernach/Koblenz

Zielbahnhof: Monreal

Rückreise

gleich wie die Anreise

Bergwanderung mit alpinen Abschnitten, die Trittsicherheit, Schwindelfreiheit und jedenfalls Bergschuhe erfordern. Am Ende ein Spaziergang durch diesen schönsten Ort der Südosteifel.

Bahnhof Monreal, auch Parkplätze. Bus/Bahn: Bus von Mayen, Kaisersesch und Ulmen. Pellenz-Eifel-Bahn: Andernach–Mayen–Kaisersesch.

Los geht es! Vor dem Bahnhofsgebäude (Stellwerk) folgen wir dem Teerweg, der rechts abwärts ins Elztal verläuft. Wir unterqueren den Bahnviadukt und spazieren am Sportplatz entlang. Dahinter geht's auf dem Traumpfad Monrealer Ritterschlag zunächst Richtung „Löwenburg". Im Tal bleiben wir noch geradeaus, vor dem Karbach biegen wir jedoch rechts ab und wandern fast 90 Höhenmeter steil bergauf. Oben geht's erst rechts abwärts und dann links am oberen Rand der Hangwiese weiter. Nach einem Rechtsknick wandern wir links durch die felsige Elzlay; beim Abstieg folgt ein alpiner Abschnitt mit einem schönen Burgenblick. Am Querweg (Schilderstock) können wir zur Rechten die nahe Philippsburg aufsuchen (und auch abkürzend in den Ort absteigen). Die Wanderung setzt sich vom genannten Schilderstock jedoch im Anstieg Richtung „Löwenburg" fort.

Vor einem Felsen geht's rechts zum märchenhaft schönen Ausblick der Löwenburg. Durch die Burgruine und von der Geschichtstafel links absteigen. Im ortsseitigen Steilhang auf einem fast alpinen Pfad in Kehren, zuletzt auf Treppen „Zur Burg" nach Monreal und dort zur Untertorstraße.

Auf dieser Straße wandern wir links weiter, biegen vor dem Haus Nr. 38 rechts ab und folgen hinter dem Brückchen zwischen Mühlgraben und Elz wieder dem Traumpfad – nun Richtung „Schnürenhof". Hinter der Straßenunterführung geht's an den Teichen nahe der Friedhofskapelle (Ursprung 1210) vorbei. Vom Friedhof nach rechts durch Wiesen und von der Straße Schäferei in die Straße Walkmühle. An deren Ende nach links, sofort danach wieder nach rechts und über ein Brückchen. Anschließend folgen wir dem Bergpfad 1 km durch den steilen Felswaldhang. Am Waldende geht's links zwischen Acker und Wiesen weiter, der nächste Weg führt am Gebüsch zum Schnürenhof hinab.

Nun wandern wir Richtung „Thürelzblick" – durch das Hofgelände, auf der Straße über die Elz und noch 160 m weiter, bevor wir links ansteigen. Von der folgenden Abzweigung geht's wieder nach links und fast 1 km durch den Wald

über der Elz. An der Kreuzung nach rechts, nach wenigen Schritten aber links einen Hohlweg im Polcher Holz hinauf. Oben führt ein Fahrweg nach rechts weiter hoch. Nach 250 m (Linkskurve) rechts abbiegen, mit Linksbogen wieder einen Hohlweg hinab. Den Querweg vor dem Talgrund erneut ansteigen und weiterhin auf der Höhe zwischen Wiesen und Waldhang bis zu einem Schilderstock auf Höhe 406 m. An dieser Stelle den Traumpfad verlassen und geradeaus den Feldweg abwärts fortsetzen.

Am Bildstock (mit Kreuz) geradeaus über den Teerweg, mit Rechtsbogen einen Feldweg am Sommerberg abwärts; vom unteren Ende die Straße hinunter.

Vor der Mutter-Anna-Kapelle steigen wir auf der Nierstraße (Orts- und Burgenblick) nach Monreal ab. Geradeaus wandern wir auf der Obertorstraße bergab, dann folgt ein Rundgang durch den historischen Ortskern.

Unten überqueren wir die Alte Elzbrücke mit Nepomuk und Löwenkreuz und gehen links zur Pfarrkirche Kreuzerhöhung (1410) an den Jakobus- und Martental-Pilgerwegen. Sie birgt den berühmten Apostelaltar (Holz, 1420) und vier Glocken (14./15. Jh.). Wir queren den Vorplatz, gehen neben dem Alten Pfarrhaus über die Elz und – wieder auf dem Traumpfad – auf der verwinkelten Mühlenstraße und zuletzt zwischen Hauswänden erneut zur Obertorstraße.

Dieser folgen wir bergauf und dann rechts der Verkehrsstraße, doch bereits hinter Haus Nr. 14 biegen wir rechts ins Tal ab. Links geht's auf dem Elzer Weg bald über die Elz, vor dem Bahnviadukt nach links und zum Ausgangspunkt zurück.

22 Wandertour im TAUNUS

Start/Ziel
KÖNIGSTEIN IM TAUNUS

Rundtour
11 Kilometer
3:30 Dauer

Anreise

Anreise mit der Bahn/Königsteiner Bahn (12)

Umstieg: Frankfurt (Main) Hbf

Zielbahnhof: Königstein (Taunus)

Rückreise

gleich wie die Anreise

Startpunkt dieser angenehmen und abwechslungsreichen Tour ist beim Bahnhof Königstein.

Los geht es! Vom Bahnhof Königstein wandern wir entlang der Bahnstraße hinauf zur Wiesbadener Straße. Links geht es Richtung Ortsmitte, erneut links auf die Hauptstraße und rechts auf die Georg-Pingler-Straße. Nun leitet der schwarze Balken mit Spitze zum Altenhelm und rechts auf einen Gehweg, wir queren die B 8 und gehen um das Kurbad herum. Anschließend geht es links auf den Klärchenweg und etwa 400 Meter am Fuße des Falkensteiner Hains entlang, dann links auf die Hugo-Amelung-Straße und ortseinwärts.

Nach 250 Meter rechts auf die Altkönigstraße, wir gehen bis zu ihrem Ende und geradeaus weiter auf den einsetzenden schmalen Weg in den Wald. Dann zum breiten Kaiserin-Friedrich-Weg und rechts. Wir gelangen zu einem Weiher und wandern weiter in bisheriger Richtung, zur Rechten des Reichenbachs. Nach ungefähr 750 Meter führt die Markierung nach links zum parallel verlaufenden breiten Tillmannsweg.

Hier wieder rechts und zum viel besuchten und beliebten Fuchstanz mit Einkehrmöglichkeit hinauf.

Nun leitet das schwarze Andreaskreuz. Rechts geht es auf den Rübezahlweg. Wir zweigen rechts ab (Fuchstanzweg), anschließend geht es bergab und auf der Feldbergstraße nach Falkenstein hinein. Der Rechtskurve folgend wandern wir auf dem Reichenbachweg und vor der Christkönigkirche links auf die Straße Am Steingarten bis zur Gabelung am Waldrand, wo wir uns nach links wenden und durch den Falkensteiner Hain wandern.

An der Burgruine Falkenstein bietet sich uns ein herrlicher Panoramablick über die Stadt Frankfurt und das Rhein-Main-Gebiet, ehe wir weiter zum Dettweiler Tempel und dann rechts wandern. Bergab gehen wir aus dem Wald und sofort rechts. Links auf die Adelheidstraße (unmarkiert), anschließend queren wir wieder die B 8 und dann die Hauptstraße in die Wiesbadener Straße hinein. Rechts geht es auf die Bahnstraße und zurück zum Bahnhof.

TOUR 22 TAUNUS 99

Radtour zur
23 BURG MONTFORT

Start/Ziel
BAD MÜNSTER AM STEIN

Rundtour
27,2 Kilometer
3:00 Dauer

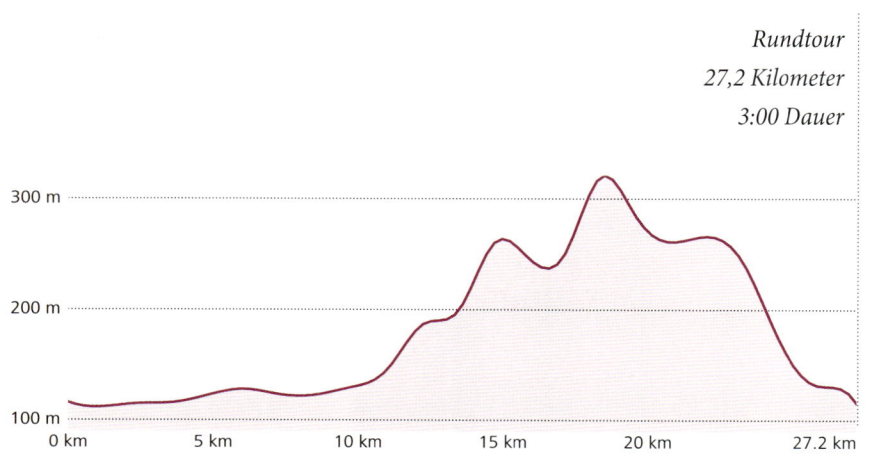

Anreise

Anreise mit der Bahn

Umstieg: Mainz Hbf

Zielbahnhof: Bad Münster am Stein

Rückreise

gleich wie die Anreise

Start- und Zielpunkt dieser Rundfahrt mit attraktiven Höhepunkten ist Bad Münster am Stein.

Los geht es! Vom Bahnhof in Bad Münster am Stein zur Fußgängerbrücke. Über die Brücke muss man das Rad im Anblick der Ebernburg schieben. In Ebernburg, auf der anderen Seite der Nahe, geht es zuerst unter der Straßenbrücke hindurch und dann auf der Trasse einer früheren Bahnlinie auf den gut ausgebauten Radweg. Zur Rechten erblickt man nun den imposanten Rotenfels mit der Bastei. Weiter auf dem Radweg radelt man unbeschwert bis zur Staustufe vor Niederhausen an der Nahe. Über den Steg der Staustufe gelangt man nach Niederhausen. Durch den Ort und rechts auf dem Radweg der Nahetalstraße am Stausee entlang. Dann erreicht man die schöne steinere Brücke über die Nahe mit Blick auf den Lemberg, dem „König der Naheberge", und kommt nach Oberhausen an der Nahe. Am Ortseingang fährt man links in die Hallgarter Straße und im verträumten Hagenbachtal radelt man auf dem ruhigen Sträßchen bis zur Abzweigung zum Montforterhof.

Dort angekommen schließt man am besten das Rad ab und wandert auf dem ausgewiesenen Weg, zunächst im Tälchen, dann links aufwärts etwa 400 Meter hinauf zur Ruine Montfort. Die Ruinen der Ganerbenburg (Raubritter!) lassen sich vom Turm aus überblicken, die gesamte Burganlage überrascht durch ihre Ausdehnung. Dann geht es auf dem anderen (kürzeren) Weg wieder hinunter zum Montforterhof.

Vom Hof fährt man rechts auf dem Landwirtschaftsweg zur Straße Oberhausen–Hallgarten und rechts Richtung Hallgarten. Es geht aufwärts bis zur Höhe vor dem Ort. In Hallgarten biegt man links in die Hauptstraße ein und in der kurzen Straße Feiler Heck verlässt man das Dorf.

Nun geht es an einem Wäldchen vorbei steiler aufwärts zur Höhe „Auf der Heide". Weit schweift der Blick über das Pfälzer Bergland, und leicht abfallend rollt man nach Feilbingert. Im Ortsteil Feil zum Marktplatz, wo man links in die Martin-Luther-Straße einbiegt. An der Schule vorbei geht es steiler abwärts zum Ortsteil Bingert. An der Kirche rechts durch die Pappelallee zur Straße Richtung Ebernburg, in die man links einbiegt.

Der dritte Weg links ist ein Landwirtschaftsweg, der nach 300 Metern rechts abbiegt und zum Wald führt. Durch den

Golfplatz „Nahetal" radelt man weiter, an den „Drei Buchen" vorbei zum Birkerhof (Gasthaus). Rechts abwärts in Kurven durch die Weinberge. Dann folgt man links dem Schild zum Steinskulpturenpark mit Museum. Man sieht zwei hohe „Büchersäulen" aus verschiedenen Steinen und hat einen einmaligen Rundblick auf den Rotenfels, die Ebernburg und den Rheingrafenstein.

Danach quert man die Landstraße in die Burgstraße und unterhalb der Ebernburg (Abstecher 600 Meter ansteigend) fährt man durch den Ortsmittelpunkt von Ebernburg.

In der Schlossgartenstraße zur B 48 (gegenüber der Künstlerbahnhof Ebernburg), links hinunter zur Nahe, rechts unter der Brücke hindurch und links über den Steg (Rad schieben), zum Schwimm- und Thermalbad, geradeaus in der Kurhausstraße und dann auf der Berliner Straße bis zum Bahnhof von Bad Münster.

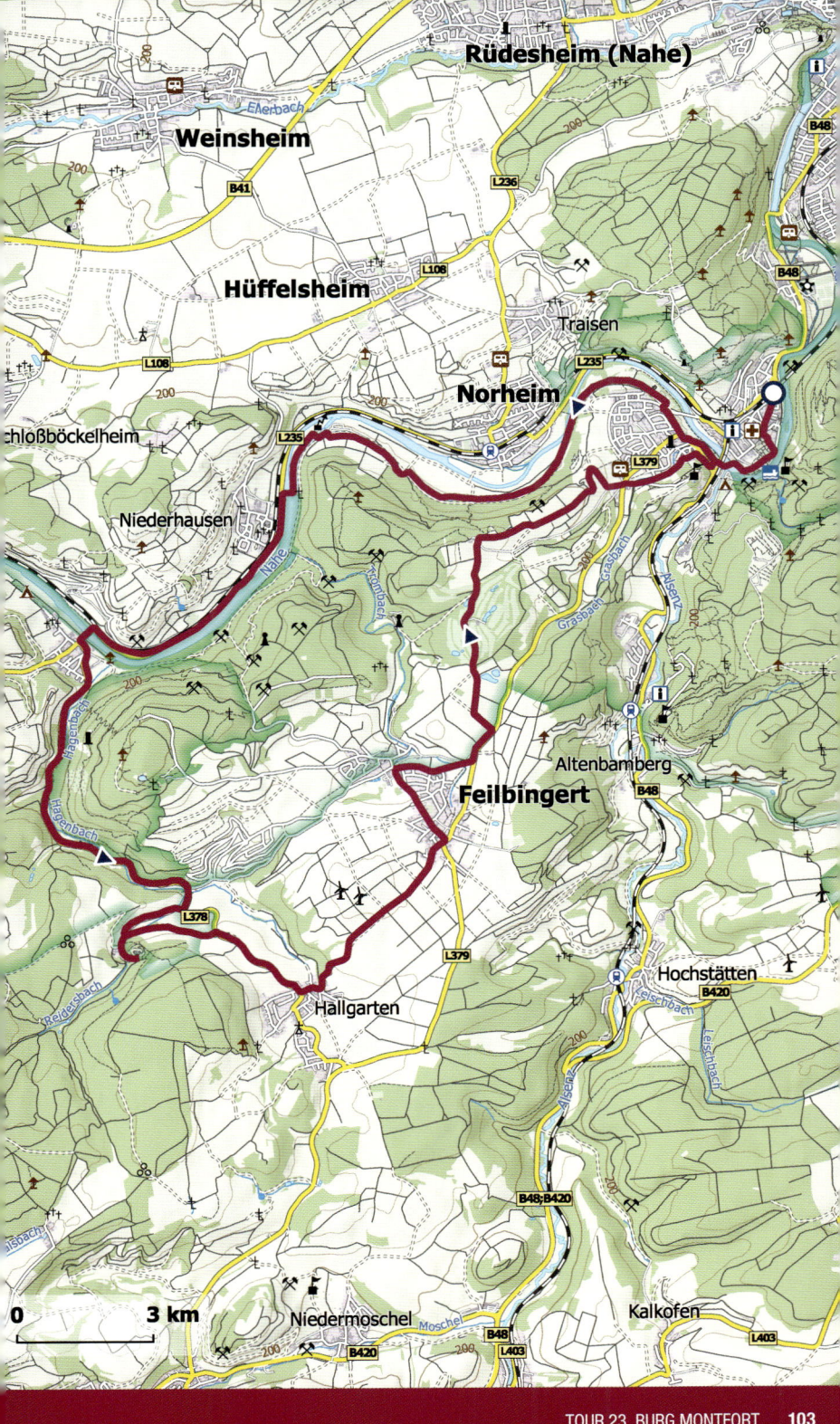

Wandertour durch
24 STREUOBSTWIESEN

Start/Ziel
OPPENWEILER

Rundtour
6,3 Kilometer
2:20 Dauer

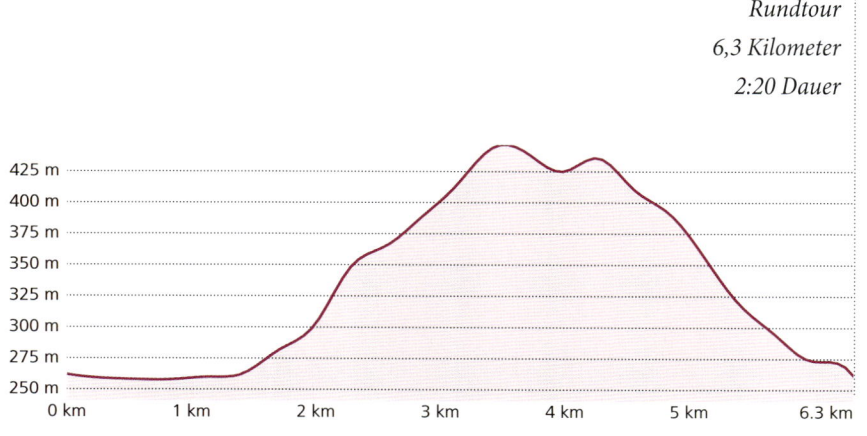

Anreise

Anreise mit der Bahn

Umstieg: Stuttgart

Zielbahnhof: Oppenweiler

Rückreise

gleich wie die Anreise

Einfache Rundwanderung für die ganze Familie auf Nebenstraßen und Wegen. Oppenweiler (267 m), ca. 33 km nordöstlich von Stuttgart; Bahnhof.

Los geht es! Vom Bahnhof in Oppenweiler (267 m) gehen wir auf der Bahnhofstraße zur nahen Talstraße und folgen dieser nach rechts durch ein Gewerbegebiet.

Nach gut 500 m geht's kurz nach rechts und dann zwischen Feldern und Wiesen in die Ortschaft Reichenbach (270 m). Dort wenden wir uns nach rechts, überqueren die Bahnlinie und biegen danach links ab. Nach wenigen Schritten halten wir uns wieder links und schwenken dann nach weiteren 80 m rechts auf einen Güterweg ein. Damit befinden wir uns auf der Wanderroute 4 (P), die auf Feld- und Waldwegen auf den Berg hinaufführt. Von der Eschelhofstraße aus bietet sich ein schöner Blick bis zum Stuttgarter Fernsehturm. Auf etwa 450 m Seehöhe biegen wir rechts ab und wandern wieder zum Waldrand hinab – dort liegt uns Oppenweiler zu Füßen. Bald darauf erreichen wir wieder den Bahnhof in Oppenweiler.

Eine Möglichkeit zur Einkehr bietet das Gasthaus Krone in Aichelbach nur wenige Gehminuten vom Bahnhof entfernt.

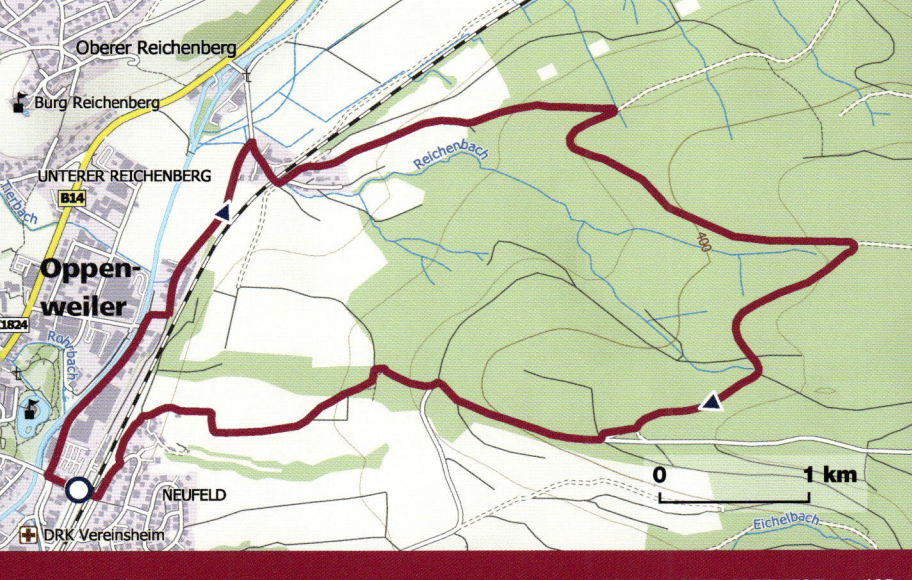

TOUR 24 STREUOBSTWIESEN

Radtour durch die
25 SCHWABENMETROPOLE

von
ESSLINGEN AM NECKAR

nach
MARBACH AM NECKAR

38,1 Kilometer
4:00 Dauer

Anreise

Anreise mit der Bahn

Umstieg: Stuttgart

Zielbahnhof: Esslingen (Neckar)

Rückreise

Rückreise mit der Bahn

Umstieg: Stuttgart

Zielbahnhof: Marbach (Neckar)

Ausgangspunkt dieser Tour ist der Bahnhofplatz des Hauptbahnhofs Esslingen am Neckar.

Los geht es! Der Einstieg in den Neckartal-Radweg erfolgt am Pliensauturm, dem historischen Stadtturm auf der Rückseite des Hauptbahnhofs von Esslingen. Flussseitig des Bahnhofs führt die Uferpromenade am rechten Neckarufer abwärts, rechts oben zeigen sich bald Weinberge in den sonnenverwöhnten Westhängen des Schurwaldes, dann rücken ab dem Stadtteil Mettingen Werksanlagen des Automobilherstellers Mercedes-Benz ins Blickfeld. An den Hedelfinger Brücken im Stuttgarter Stadtbezirk Hedelfingen führen die Radwegeschilder rechts zwischen Werksanlagen zum S-Bahnhof Obertürkheim, längs der Bahnlinie im Grünen geradeaus und kurz vor dem S-Bahnhof Untertürkheim links zum Neckarufer mit dem Stuttgarter Hafen. Hier überquert der Radweg den Fluss beim Freibad Inselbad auf der Inselstraßenbrücke, die in den Stadtbezirk Wangen am linken Neckarufer überleitet. Der Radweg folgt nun dem begrünten Ufer neben der autobahnähnlich ausgebauten B 10 zur Daimlerbrücke, auf der Tausende Mitarbeiter ins Mercedes-Benz-Werk Untertürkheim gelangen. An den nächsten Brücken vereinigt sich die B 14 mit der B 10, rechts zeigt sich – nun im Stuttgarter Stadtbezirk Bad Cannstatt – vor den Toren des Untertürkheimer Werks der Doppelhelix-Turm des Mercedes-Benz-Museums. Der Radweg führt zwischen Fluss und Bundesstraße geradeaus bis zum Unteren Schlossgarten, wo sich der Abstecher durch die Grünanlagen in die Altstadt von Stuttgart anbietet.

Am Unteren Schlossgarten wechselt der Radweg auf der 1893 errichteten König-Karls-Brücke ans rechte Ufer, wo sich der Bahnhof Bad Cannstatt befindet. Auf dem begrünten Uferstreifen und nach Verlassen der Bebauung am Fuße von Weinbergen geht es zum Max-Eyth-See im Stuttgarter Stadtbezirk Mühlhausen. Der See und seine Umgebung sind ein bedeutendes Naherholungsgebiet am Fuße der Weinberge direkt am Neckar. Stuttgarts größter, etwa 600 Meter langer See entstand 1935 als Baggersee während der Kanalisierung des Neckars, benannt ist er nach dem Landwirtschaftspionier und Schriftsteller Max von Eyth; Radeln, Wandern, Angeln, Segeln, Sonnenbaden, Grillen, Bootfahren – fast alles ist erlaubt, nur das Baden nicht.

Vom Freizeitsee folgt der Radweg weiter dem rechten Neckarufer an der Hofener Brücke (Schleuse) vorbei, das

Naturschutzgebiet Oeffinger Scillawald am Neckarhochufer liegt bereits auf dem Gebiet der Stadt Fellbach. Autofrei zieht der Radweg zwischen Wald und Fluss nordwärts in den Stadtteil Neckarrems der Schlösserstadt Remseck an der Mündung der Rems in den Neckar. Über dem Mündungswinkel von Rems und Neckar erhebt sich das kleine neugotische Schloss Remseck (1844, Wohnhaus), das bekannteste der sechs Remsecker Schlösser. Den Neckar überspannt neben der Landstraßenbrücke der glasgedeckte Neckarsteg, eine 80 Meter lange Fuß- und Radwegbrücke aus Holz; die Mündung der Rems wiederum überspannt der baugleiche 60 Meter lange Remssteg.

Der Radweg wechselt auf dem Neckarsteg in den Stadtteil Neckargröningen am linken Ufer; dort befindet sich auch die Endhaltestelle Remseck der Stadtbahnlinie U 14 (30 Fahrminuten ab Stuttgart-Hauptbahnhof). Nach Verlassen der Bebauung taucht der Radweg in die wiesenreiche Auenlandschaft ein, die sich mit Steilhängen abwechselt. Vorbei an der Staustufe Poppenweiler, dem Naturbiotop Zugwiesen und dem Freibad Hoheneck geht es zum Uferstüble, einem der größten und bekanntesten Biergärten und Radlertreffs im Neckartal. Hier bietet sich der kurze Abstecher auf dem Heilbadweg zu den großen Schloss- und Parkanlagen von Ludwigsburg an: Schloss Favorite mit dem Favorite-Park und Schloss Ludwigsburg. Beim Uferstüble schwingt der Radweg in den Prallhang ein; wenn sich dieser zum Gleithang wandelt, zeigt sich das imposante Bild der befestigten Altstadt von Marbach auf dem Sporn über dem Neckar. Der Radweg folgt dem Fluss und dann einem parallel geführten Kanal, bis an der Benningen-Informationstafel vor dem Eisenbahnviadukt der Neckarsteg (Marbach-Infotafel am Marbacher Ufer) in die Schillerstadt Marbach hinüberleitet.

Von Marbach ist die Rückfahrt via Stuttgart nach Esslingen mit der Bahn möglich

Wandertour auf die

26 WEINBERGE UM STUTTGART

Start/Ziel
FELLBACH

Rundtour
9,1 Kilometer
2:45 Dauer

Anreise

Anreise mit der Bahn

Umstieg: Stuttgart

Zielbahnhof: Fellbach

Rückreise

gleich wie die Anreise

Schöne, familiengeeignete Wanderung; der Anstieg von der Pergola bis zum „Wiflinger" ist aufgrund des naturbelassenen Weges mit Kinderwagen schwierig. Fellbach, Rathaus (285 m); Endhaltestelle U1 und U16 Fellbach Lutherkirche, Parkplätze im Stadtbereich.

Los geht es! In Fellbach gehen wir von der Endhaltestelle der Stadtbahnen U1 und U16 über den Kirchplatz, durch den Rathaus-Innenhof und am i-Punkt vorbei, dann links auf der Kirchhof- zur Cannstatter Straße, der wir nach rechts folgen. Auf der Vorderen Straße links weiter zu einem Kreisverkehr und geradeaus auf der Kappelbergstraße zur Neuen Kelter. Dann führt der Fellbacher Rebenweg durch die prächtige Rebenlandschaft der Weinberge. Links abbiegend wandern wir zum „Belvedere", einer luftigen Pergola, die im Rahmen des Architekturprojekts „16 Stationen" der Remstal-Gartenschau erbaut wurde.

Weiter aufwärts geht's zum Spielplatz Wilfinger und zum Naturfreundehaus, das am Wochenende (außer in den Sommerferien) geöffnet ist. Vorbei an der „Abgebrannten Linde", dem „Esslinger Tor" und dem Landschaftsschutzgebiet „Ebene" gelangen wir wieder zu den Rebbergen, über die wir auf dem Weinweg – mit herrlichem Blick über Stuttgart und in das Neckartal – zurück nach Fellbach und zur Haltestelle der Linien U1 und U16 gelangen.

Wandern und Schlendern in

27 WAIBLINGEN

Start/Ziel
WAIBLINGEN

Rundtour
5,7 Kilometer
1:30 Dauer

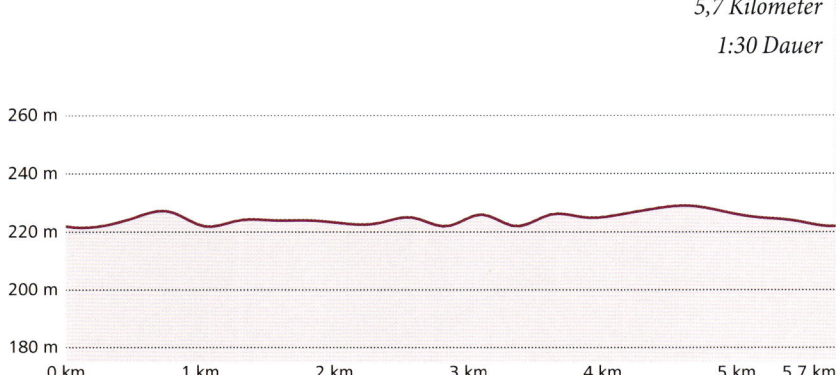

Anreise

Anreise mit der Bahn

Umstieg: Stuttgart

Zielbahnhof: Waiblingen

Rückreise

gleich wie die Anreise

Durch den Landschaftspark Talaue und die Altstadt von Waiblingen – das ist die Route dieser Rundwanderung im urbanen Gebiet und seiner „grünen Lunge" an der Rems. Kunst verfeinert den Wandergenuss!

Wanderung im Stadtgebiet und im Umfeld von Waiblingen. Waiblingen, Parkplatz gegenüber der Galerie Stihl; Bushaltestelle Galerie in der Neustädter Straße (221 m).

Los geht es! Von unserem Parkplatz im Norden von Waiblingen gehen wir der Rems entlang talauswärts, also dem Neckar entgegen. Vom Kreisverkehr an der Talstraße überqueren wir links die Remsbrücke, um sodann am anderen Ufer des Flusses wieder zurückzuwandern. Von der Galerie Stihl gehen wir neben der Weingärtner Vorstadt weiter zur nächsten Brücke, über die wir wieder ans jenseitige Ufer auf die Schwaneninsel der Rems gelangen. In ihrem Süden führt ein Steg hinüber auf die Große Erleninsel (Spielplatz). Nach einer kurzen Runde geht's rechts über eine weitere Brücke zum Hüseyin Altin Brunnen und rechts der Rems entlang zum Spielplatz auf der Brühlwiese. Jenseits der Alten Bundesstraße wandern wir durch Wald zum Talauesee mit seinen Spielinseln. Durch die Talaue weiter zur Rems, die abermals überquert wird (davor lohnt sich der Abstecher zur Rundsporthalle). Jenseits geht's wieder flussabwärts zur Michaelskirche und ins Ortszentrum mit dem Alten Rathaus, von dem wir zur Galerie Stihl und über den Fluss zum Parkplatz im Norden von Waiblingen zurückkehren. Unser Highlight ist aber der Blick auf die Nikolauskirche.

TOUR 27 WAIBLINGEN 117

Wandertour im
28 NORDSCHWARZ-WALD

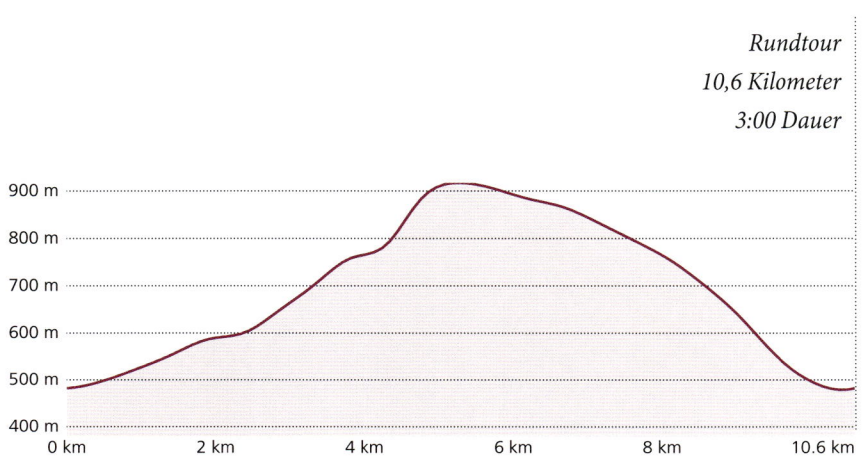

Start/Ziel
HUZENBACH

Rundtour
10,6 Kilometer
3:00 Dauer

Anreise

Anreise mit der Bahn

Umstieg: Karlsruhe Hbf

Zielbahnhof: Huzenbach

Rückreise

gleich wie die Anreise

Über eine 160 Meter hohe, wegen ihrer Steilheit völlig naturbelassene Karwand geht der Blick hinunter zum 2,7 Hektar großen Huzenbacher See, der wegen seines Pflanzenreichtums zu den größten Naturschätzen des Nordschwarzwalds gehört.

Start und Ziel: Huzenbach, Seebachstraße (490 m), Parkplatz an der Murgtalstraße im Baiersbronner Ortsteil Huzenbach; der S-Bahn-Haltepunkt Huzenbach liegt außerorts 5 Gehminuten entfernt. Der Huzenbacher See zählt insbesondere während der Teichrosenblüte von Ende Juni bis August zu den schönsten Wanderzielen im Nordschwarzwald.

Los geht es! Das schöne Schwarzwald-Feriendorf Huzenbach im Murgtal war einst die Heimat von Flößern, Köhlern und Waldgeistern. Hauptattraktion des Walddorfs ist der malerische Karsee Huzenbacher See; auch er wurde in vergangenen Jahrhunderten von den Waldgewerblern zur Holztrift genutzt. Beim Parkplatz zweigt die Seebachstraße in Richtung des weiträumig ausgeschilderten Huzenbacher Sees ab. Am Wassertretbecken vorbei führt der mit einer gelben Raute markierte Wanderweg aufwärts dem Wald zu, begleitet vom Plätschern des Seebachs. Zu Beginn ist das Tal offen und weit, schon bald rücken die Talflanken zusammen, und an die Stelle blumenreicher Wiesen treten Wälder. In der Flur Silberwald sollen sich hartnäckig Geister aufhalten, auch der Name „Teufelsmühle" erinnert daran; nahebei sprudelt der Gitschenbrunnen. Am Brunnen überquert der Wanderweg den Seebach, es ist nun nicht mehr weit bis zum Ufer des Huzenbacher Sees, in dem ein Heinzelmännchen spuken soll. Nach erneutem Überqueren des Seebachs leitet die stilisierte M-Markierung des Fernwanderwegs Murgleiter in recht steilem Anstieg auf einem Fels- und Wurzelpfad durch die Bergflanke nördlich des Sees aufwärts zur Verzweigung Dachsbau, dort wenden wir uns links zu den Sitzbänken am Huzenbacher Seeblick am Rand der Hochfläche Kleemisse hoch über dem Huzenbacher See. An diesem überragenden Rastplatz geht es kurz geradeaus und an der Verzweigung Kleemisse erneut geradeaus. Der Forstweg senkt sich im Rauschen der Wälder durch die Kleemisshalde, die Flanke des Seebachtals, Richtung Huzenbach. An der Verzweigung Lieberg zeigt die gelbe Raute schräg rechts hinab zum Dobelwald, dort geht es nach links zum Heuweg und hier schräg rechts hinab und zurück zum Ausgangspunkt im Feriendorf Huzenbach.

Wandertour auf den
29 HOCHFIRST

Start/Ziel
TITISEE

Rundtour
10 Kilometer
3:30 Dauer

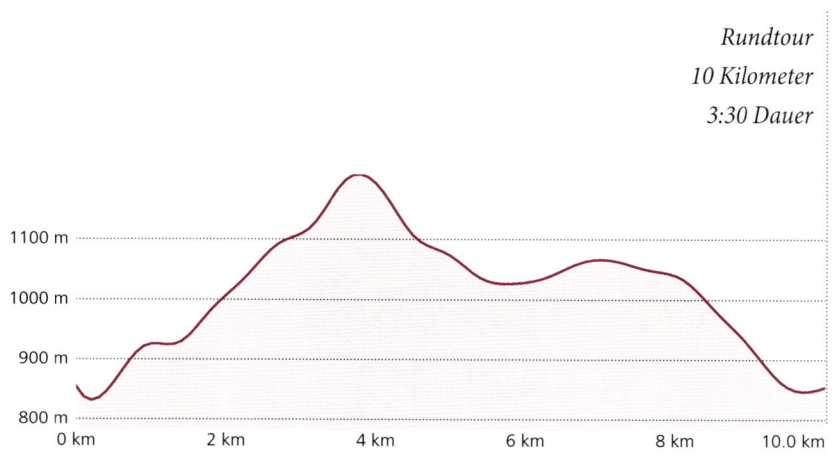

Anreise

Anreise mit der Bahn

Umstieg: Freiburg (Breisgau) Hbf

Zielbahnhof: Titisee

Rückreise

gleich wie die Anreise

Früh am Morgen ist es noch ganz still am Titisee. Nicht mehr lange und die ersten Ausflügler werden die Boote besteigen – doch da sind wir schon längst auf dem Weg zum Hochfirst und seinem aussichtsverheißenden Gipfelturm. Wald- und Wanderwege, teils mit kürzeren, etwas steileren Pfadpassagen, asphaltierter Weg in Titisee-Ort.

Der unter Denkmalschutz stehende, 25 Meter hohe Hochfirstturm bietet einen herrlichen Ausblick zum Titisee und zum Feldberg. Bei klaren Witterungsverhältnissen lassen sich die Schweizer, österreichischen und sogar die französischen Alpen erkennen.

Los geht es! Vom Kurhaus in Titisee spazieren wir an der Uferpromenade zum Hotel Seehof, unterqueren Straße und Eisenbahn und halten uns bei der Pos. Seesteige geradeaus hoch in den Wald, die ersten, steileren Meter noch auf Asphalt. Auf Kies steigen wir weiter an und verlassen den breiten Weg in einer Rechtskurve bei der Pos. Am Winterberg. Geradeaus, auf schmälerem Weg, folgen wir der Markierung Hochfirst. Der anfangs flache Weg steigt wieder an, auf Waldboden unterqueren wir eine Stromtrasse, und relativ aussichtslos stoßen wir auf die nächste Verzweigung, wo wir rechts auf einen schmalen Pfad abzweigen, der uns in Kehren, mit teils steileren Abschnitten, zur Pos. Saig Waldhaus 1032 m und einem Kiesweg hochbringt. Nach links gelangen wir nach wenigen Metern zur Pos. Saig Waldhaus 1030 m und auf ein Asphaltsträßchen.

Geradeaus weiter stoßen wir auf eine Verzweigung und folgen links der Markierung Richtung Berggasthaus Hochfirst. Der breite Forstweg steigt durch den Wald zu einer Verzweigung an, hier schwenken wir nach rechts und folgen einem steinigen, steilen Weg (Markierung weiß-rot auf gelb). Wir erreichen das Waldende, haben links hinab eine fantastische Sicht zum Titisee, und nach rechts führt ein schmaler Fußweg über den Hang hinauf zum sichtbaren Sendeturm. Wenige Minuten später stehen wir vor dem Berggasthaus und dem Hochfirstturm. Wir verlassen den Gipfel auf einem schmalen Pfad, schwenken bei der nächsten Verzweigung nach rechts (Schild am Baum: Höhenkammweg) und wandern dann links haltend auf dem breiten Hochfirstweg bergab. Wenig später verlassen wir den breiten Weg und biegen rechts in einen schmalen, abwärtsführenden Hangpfad ab. An einer Sitzbank und einem Pumphäuschen vorbei gehen wir auf dem nun breiteren Weg (gelbe Raute) abwärts und stoßen

auf die Verzweigung mit dem Hinweg, bei der Pos. Saig Waldhaus 1030 m . Vorbei an der Abzweigung rechts hinab zum Titisee bleiben wir geradeaus, treffen auf Häuser und Asphalt und eine freie Lichtung mit herrlicher Aussicht. Unter der Hochspannungsleitung hindurch und den Sportplatz passierend erreichen wir das Hotel Saigerhöh.

Der Asphalt endet nach den Hoteltennisplätzen, und zunächst ziemlich eben geht es abwärts an den Waldrand zur Pos. Rotkreuz; die Autostraße in Sichtweite vor uns.

Wir biegen scharf rechts ab, der Weg fällt bald zunehmend stärker ab und nach spitzen Kehren eröffnet sich links ein wunderbarer Tiefblick zum Titisee und nur wenig unter uns dampft bei etwas Glück die Titiseebahn vorbei. Kurz darauf erreichen wir die Verzweigung mit dem Hinweg, halten uns links, unterqueren Bahn und Straße und bummeln zurück zum Ausgangspunkt beim Kurhaus .

Wandertour in die Schweiz am
30 BODENSEE

Start/Ziel
KREUZLINGEN

Rundtour
9 Kilometer
2:30 Dauer

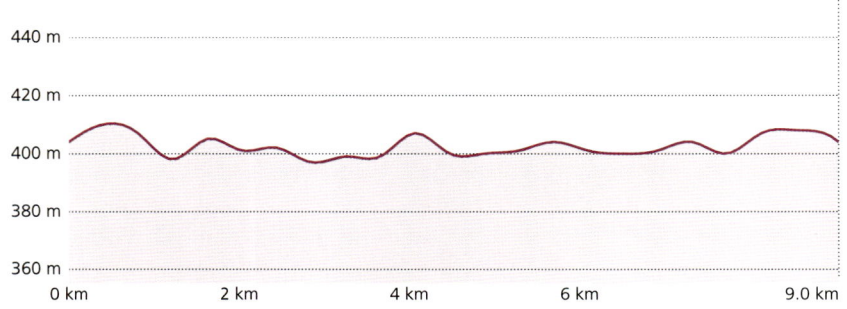

Anreise

Anreise mit der Bahn

Umstieg: Donaueschingen/Radolfzellam Bodensee

Zielbahnhof: Konstanz

Rückreise

gleich wie die Anreise

Zwischen Kreuzlingen und Bottighofen birgt das schweizerische Südufer des „Konstanzer Trichters" so manches verborgene Plätzchen, an dem man von der Südsee träumen könnte. Gut beschilderte Fußgängerwege ohne jegliche Steigungen.

Los geht es! Kilometer Null zur einfachen Spritztour am lebendigen Südufer des Konstanzer Trichters ist der Bahnhof Kreuzlingen zu dem wir in ca. 20 Minuten Fußmarsch vom Konstanzer Bahnhof gelangen. Wir gehen auf der Bahnhof- und Hafenstraße Richtung Kreuzlingen-Hafen, bis der Wegweiser „Seeburg" zum Hafenrestaurant lenkt. An der Tafel „Seemuseum" orientierend durchziehen schöne Promenadenwege den ansprechenden Seeburgpark mit seinen betagten Platanen und Pappeln. Liegewiesen verleiten zum bewussten Zeitvertrödeln.

Nach reizvollen Kleingewässern und einem Reservat für Wattvögel kommen wir zu mehreren Tiergehegen des Tierparks Seeburg. Hier findet man eine artgerechte Haltung bedrohter, alter Haustierrassen vor. An einem Heilkräuter- und Gewürzgarten vorbei geht es zu der zwischen Mammutbäumen versteckt liegenden Seeburg, einer früheren Sommerresidenz der Kreuzlinger Äbte. In dem vormals Schlössli genannten Anwesen befinden sich das Didaktische Zentrum des Kantons Thurgau und ein Restaurant.

Am glockengeschmückten Eingangstor bergab gelangt man zum Seemuseum in den restaurierten Räumen der früheren Kornschütte mit einem außerhalb ausgestellten Schaufelrad. Das 1717 erbaute Kornhaus war einst Weinkeller und Trotte des Kreuzlinger Augustiner-Chorherrenstifts. Als nächstes erreicht man auf dem Bodensee-Rundwanderweg, der hier im Übrigen identisch mit den Fernwanderwegen E4 und E5 ist, den Seegarten mit mächtigem Springbrunnen. Dort passiert man den Yachthafen, wo sich ein hübscher Blick zum Konstanzer Häusermeer bietet. Die Beschilderung „Bottighofen" weist nun zum Restaurant Fischerhaus, dem „gmütlichen Ess-Beizli am See" und dem Campingplatz Fischerhaus am Seefer.

Nach der Einkehr erreichen wir das Schwimmbad Kreuzlingen. Dann ist der Hafen von Bottighofen erreicht, wo der Biergarten der Wirtschaft am Schlössli lockt. Am Wassersport-Center bringt uns schließlich ein Fußgängerweg zum Badeplatz Bottighofen.

Hier, am Thurgauer Sonnenufer, kann man abseits des Verkehrs so richtig nach Herzenslust ausspannen – fast wie an der Riviera. Erfreulicherweise haben wir ja keinen weiten Rückweg vor uns. Apropos Rückweg: Es gibt zwar Alternativwege nach Kreuzlingen, aber keine vergleichbar schöneren.

Radtour im
31 SÜDEN

Anreise
Anreise mit der Bahn

Umstieg: Memmingen

Zielbahnhof: Lindau

Rückreise
gleich wie die Anreise

Start/Ziel
LINDAU

Rundtour
53,2 Kilometer
4:30 Dauer

Start der recht fordernden Tour ist am Parkplatz des Inselbahnhofs von Lindau.

Los geht es! Vom Parkplatz aus halten wir uns Richtung Ausfahrt auf der Thierschstraße und radeln über die Bahnbrücke zur Altstadt. An der Zeppelinstraße biegen wir rechts ab, radeln bis zur Bahnhofstraße und folgen ihr zum Bahnhof. Wir radeln auf der Straße geradeaus und erreichen den Hafen am Hafenplatz. Gegenüber liegt die Mole mit dem Leuchtturm und dem Bayerischen Löwen. Wir halten uns links zur Fußgängerzone entlang des Hafens und biegen am Ende links ein in die Kronengasse. Ihr folgen wir bis zur Ludwigstraße, schwenken hier nach rechts ab und radeln über den Barfüßerplatz in die Fischergasse. Sie bringt uns an den Kreisel vor der Spielbank. Gegenüber auf der Chelles-Allee verlassen wir die Insel und erreichen den Europaplatz auf dem Festland. Wir halten uns rechts und folgen der Bregenzer Straße bis zur Ladestraße. Vor dem Bahnübergang biegen wir rechts ab und radeln am Güterbahnhof entlang an die Eichwaldstraße Nach rechts setzen wir unsere Tour fort, kommen am Strandbad in Reutin vorbei, queren die Bahngleise und stoßen auf die Bundesstraße, die Bregenzer Straße. Nach links radeln wir ein Stück zurück bis zum Fußweg, der am Ende des Sportgeländes rechts von der Straße abzweigt. Er geht in den Max-Halbe-Weg über. An der Kreuzung fahren wir gegenüber weiter, jetzt in der Gerhart-Hauptmann-Straße. Sie führt uns nach links über die Autobahn nach Oberhochsteg am Grenzübergang nach Hörbranz. Unser Weg führt uns kurz links, dann rechts an das Ufer der Leiblach. Über Hangnach, Hubers und Laiblachsberg radeln wir ins Bergland hinauf. Wir erreichen Thumen an der Leiblachstraße. An der Alten Landstraße biegen wir rechts ab und folgen ihr zur Zeller Straße. Links halten wir uns zur Bundesstraße und nehmen den Weg vor der Straße rechts entlang bis zum Abzweig links nach Altis. Die Häuser von Altis lassen wir rechts liegen und radeln Richtung Hagers. Dazu folgen wir dem Weg am Ende des Wäldchens links und dann rechts nach Hagers. Geradeaus erreichen wir Hergensweiler. Am Ortsanfang biegen wir links ab in die Bahnhofstraße und fahren auf ihr über die Bahngleise an die Bundesstraße. Hier queren wir die Straße und radeln nach rechts zum Kreisel. Ab hier benutzen wir den Radweg nach Rupolz. Die Rupolzer Straße führt uns durch den Ort über Dabetsweiler nach Roggenzell.

Wir stoßen auf die Ortsdurchfahrt von Roggenzell, biegen nach rechts ein und radeln hinauf auf dem parallelen Radweg zum Neuravensburger Weiher. Jetzt haben wir den „Gipfel" unserer Radtour erklommen. Am Ufer biegen wir links ab auf die Landesstraße nach Baind. Nach der Autobahnbrücke lassen wir Baind links liegen und erreichen Isigatweiler. Hier biegen wir rechts ab und gelangen über Duznau nach Siberatsweiler. Wir folgen der Kreisstraße durch den Ort und erst am Hopfenfeld biegen wir rechts ab. Flott rollen wir hinunter an das Ufer der Argen und folgen dem Weg nach links. Auf dem Talboden fahren wir entlang der Argen zur Straßenbrücke bei Oberlangnau. Hier wechseln wir die Uferseite und schwenken auf den Weg Richtung Rappertsweiler ein. Am nächsten Fahrweg, der nach links zum Freibad abzweigt, biegen wir ein. Wir radeln beim Freibad und Campingplatz vorbei und stoßen in Laimnau auf die Ritterstraße Wir halten uns links und fahren in die Ortsmitte von Laimnau. An der Argentalstraße schwenken wir nach links und folgen ihr über die Straßenbrücke mit der Argen. An der Einmündung mit der Kreisstraße biegen wir rechts ab und benutzen den Radweg bis nach Apflau. Mitten im Ort, am Weidachweg biegen wir nach rechts ein und radeln gleich wieder links durch das Hopfenfeld zur Argen hinunter. Wir stoßen auf die Kreisstraße an der Argenbrücke, halten uns rechts und vor der Brücke links auf dem Weg entlang des Ufers. Bald radeln wir unter der kommenden Straßenbrücke hindurch und halten uns rechts direkt zum Ufer der Argen. Zwischen Damm und Fluss fahren wir unter der nächsten Straßenbrücke hindurch und lassen die Kochermühle links liegen. Die Eisenbahnbrücke, die historische Hängebrücke und die Straßenbrücke bei Langenargen sind bald in Sichtweite. Wir unterfahren beide und gelangen an den Bodensee zum Sportboothafen Kressbronn.

Am Ufer biegen wir links ab und radeln durch den Campingplatz nach Schnaidt. Hier halten wir uns rechts nach Tunau. Mitten im Ort schwenken wir nach rechts und an der Kapelle halten wir uns halb links nach Kressbronn. Wir fahren an der Werft vorbei auf der Bodanstraße, dann am Uferweg zum Schiffsanleger. Hier folgen wir der Straße nach links und biegen an der Nonnenhorner Straße rechts ab. Ihr folgen wir bis nach Nonnenhorn. In Nonnenhorn heißt die Straße Uferstraße. Wir stoßen auf die Seestraße und folgen ihr nach rechts zum Freibad und zum Campingplatz. Nach der Linkskurve gelangen wir an die Einmündung der Conrad-Forster-Straße und biegen nach rechts ein. An der Wasserburger Straße schwenken wir nach rechts und radeln nach Wasserburg. Unsere Straße geht beim Naturschutzgebiet in einen unbefestigten Weg über, auf dem wir zur Mooslachenstraße gelangen. An der Halbinselstraße biegen wir links ein, radeln bis zur Uferstraße und biegen hier rechts ab. Wir folgen der Straße und bald dem Weg über die Wiese zum Campingplatz und dem Freizeitzentrum Wasserburg. Am Parkplatz stoßen wir auf die Reutener Straße und folgen ihr nach rechts bis Reutenen. Am Ortsanfang zweigt die Uli-Wieland-Staße rechts ab. Wir folgen ihr nach Degelstein in die Alwindstraße. Hier zweigt der Lindenhofweg" rechts ab Richtung Lindenhofbad. Am Parkplatz folgen wir der Linkskurve und radeln nach Bad Schachen. Wir treffen auf den Oeschländerweg. Rechter Hand liegen das Freibad und der Aussichtsturm am Schiffsanleger. Geradeaus fahren wir weiter bis zur Einmündung. Hier halten wir uns links und gelangen an die Schachener Straße. Nach rechts biegen wir ein, radeln an Giebelbach vorbei an die Giebelbachstraße". Wir biegen Richtung Sportgelände ein und wechseln an der Linkskurve auf den unbefestigten Weg, dem Lotzbeckweg". Hinter der Bahnanlage zweigt unser Radweg nach rechts ab und bringt uns über den Damm auf die Insel Lindau. Am anderen Ufer fahren wir hoch auf die Brücke der Thierschstraße. Nach rechts biegen wir ein, dann über die Brücke und sind zurück am Großparkplatz auf der Insel Lindau. Hier endet unsere Radtour.

32 Wandertour rund um den ALPSEE

Start/Ziel
BÜHL AM ALPSEE

Rundtour
11,1 Kilometer
3:15 Dauer

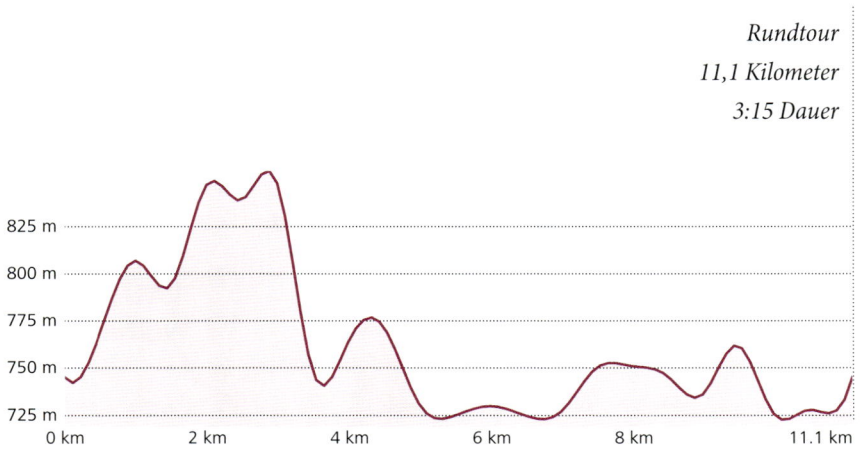

Anreise

Anreise mit der Bahn und Bus

Umstieg: Memmingen / München

Zielbahnhof: Immenstadt (Allgäu)

Rückreise

gleich wie die Anreise

Start und Ziel dieser schönen Seeumrundung ist die Bushaltestelle in Bühl auf dem Gehweg der Rieder Steige etwa 2,5 km vom Bahnhof Immenstadt entfernt (Bus Linie 39).

Los geht es! Vom Ausgangspunkt aus weist nach rechts das Schild „Ergelweg n. Rieder" zu einem ansprechenden Wanderweg, der in ein paar Windungen über dem Alpsee zur Straße in Rieder führt. Dort gehen wir wenige Meter Richtung Gschwend und biegen dann rechts auf den Fahrweg von der Straße ab. Später zieht sich ein Pfad durch den Mischwald zum Wasserfall, der über zwei hohe Felsstufen in eine Tobelkerbe prasselt. Ein Treppenanstieg bringt uns nach Gschwend.

Das Sträßchen Richtung Hintersee verläuft nun an einer Kapelle vorbei zu einem Einödhof. Dort lenkt die Eisvogel-Markierung des Alpsee-Rundwanderwegs auf einen Feldweg. Beim nächsten Einzelanwesen beginnt ein Waldpfad, der in reizvoller Anlage über zwei Bachstege und Stufen hinunter zum Weiler Hintersee am Ende des Alpsees führt. Am Waldrand gehen wir links über die Wiese oberhalb der Bundesstraße und des Teufelssees nach Ratholz. Vor der B 308 halten wir uns links zum Landgasthof Jägerhaus und zur Talstation der Sesselbahn Alpsee Bergwelt.

Wir benutzen die Unterführung der B 308 zum Landgasthaus Jägerhaus. Über den Parkplatz erreichen wir den Wanderweg zur Brücke an der Konstanzer Ach. Am anderen Ufer nehmen wir rechts den Weg zur Bahnlinie und gehen an ihr entlang nach Trieblings. Am Bahnübergang wechseln wir die Bahnseite und schlendern auf dem Sträßchen über die Einöde Alpseewies zur Unterführung am Strandbad Hauser.

Wir gehen zur Seeseite und auf der stimmungsvollen Seepromenade zur Mündung der Konstanzer Ach in den See. Am Hafen Santa Maria Loreto kommen wir zur Seestraße und biegen rechts ein. Linker Hand liegt das Naturparkzentrum Alpseehaus. Kurz dahinter zweigt die Kirchsteige ab, die uns zu unserem Parkplatz zurückbringt. Wer etwas Zeit mitgebracht hat, kann das Alpseehaus besuchen und sich über den Naturpark Nagelfluhkette schlaumachen. Der Hochgrat ist mit seinen 1.832 Meter Höhe der höchste der Gipfelkette, die zwischen der Weißach und der Gunzesrieder Ach Richtung Immenstadt und Sonthofen zur Iller hin abfällt.

Anspruchsvolle Bergtour auf den

33 WÖRNER, 2474 m

Start/Ziel

MITTENWALD

Rundtour
17,2 Kilometer
9:30 Dauer

Anreise

Anreise mit der Bahn

Umstieg: Garmisch-Partenkirchen/München

Zielbahnhof: Mittenwald

Rückreise

gleich wie die Anreise

Oberhalb des Wörnersattels ist diese lange Bergtour sehr anspruchsvoll und nur für erfahrene Bergsteiger geeignet. Trittsicherheit und Schwindelfreiheit sind zwingende Voraussetzung, denn die Route ist auf weite Strecken relativ stark ausgesetzt. Man überwindet dabei 1730 Höhenmeter. Start: Mittenwald, Parkplatz bei der Dammkarstraße im Osten des Ortes (960 m).

Los geht es! Von Mittenwald geht's zunächst zum Bankele und auf der Dammkarstraße hinauf. Bei der Talstation der Materialseilbahn links abbiegen, ein Stück durch den Wald und ab dem Mittereck durch das weite Mitterkar fast eben zur Hochlandhütte. Von der Hütte auf gutem Weg gegen Nordosten gehen wir zunächst ziemlich eben, queren dann ein paar steile Rinnen, anschließend geht's gegen Osten in Kehren zum Wörnersattel hinauf. Dort endet die beschauliche Wanderung. Vom Sattel gehen wir ein kurzes Stück nach Süden und an die Felsen heran. Über griffige Kalkfelsen auf ein gutes Weglein, das sich durch Schutt links haltend zum Grat hinaufschlängelt. Von dort über Trittspuren in die stark geneigte Flanke südwestlich des Grats. Wir kommen über einen Gratausläufer hinweg und etwas abfallend durch Kalkschutt an eine Steilrinne heran. Diese am unteren Rand queren. Dort beginnt das anspruchsvollste Stück der Tour. Ein roter Pfeil (leicht zu übersehen!) weist nach links über einen Felsen, über den man beherzt kraxeln muss. Anschließend auf der rechten Seite der Rinne plagt man sich steil und ausgesetzt durch das Felsengelände hinauf. Noch weit unter der Grathöhe eine Rinne nach links queren und durch einen breiten Felsenriss gegen Nordosten zum Gipfelkreuz hinauf. Bis zur Hochlandhütte steigt man wieder auf der Aufstiegsroute ab. Von der Hüttenterrasse geht's dann gegen Westen zur Oberen Kälberalm und auf einem Weg steil durch den Wald bis zu einem steilen, schmalen Fahrweg. Auf ihm durch den wilden Kälberalpgraben hinab und auf der Höhe von rund 1.150 Meter nach links dem Wegweiser zur Dammkarhütte folgend links abbiegen. Auf schmalem Steg über den Bach, durch einen engen Felsdurchlass und sogleich nach links ein paar Minuten zu einer Schlepperspur hinauf. Auf ihr links haltend zur Unteren Kälberalm. Von dort gelangen wir auf schönem Waldweg in rund 10 Minuten zur Dammkarstraße, die nach Mittenwald zurückführt.

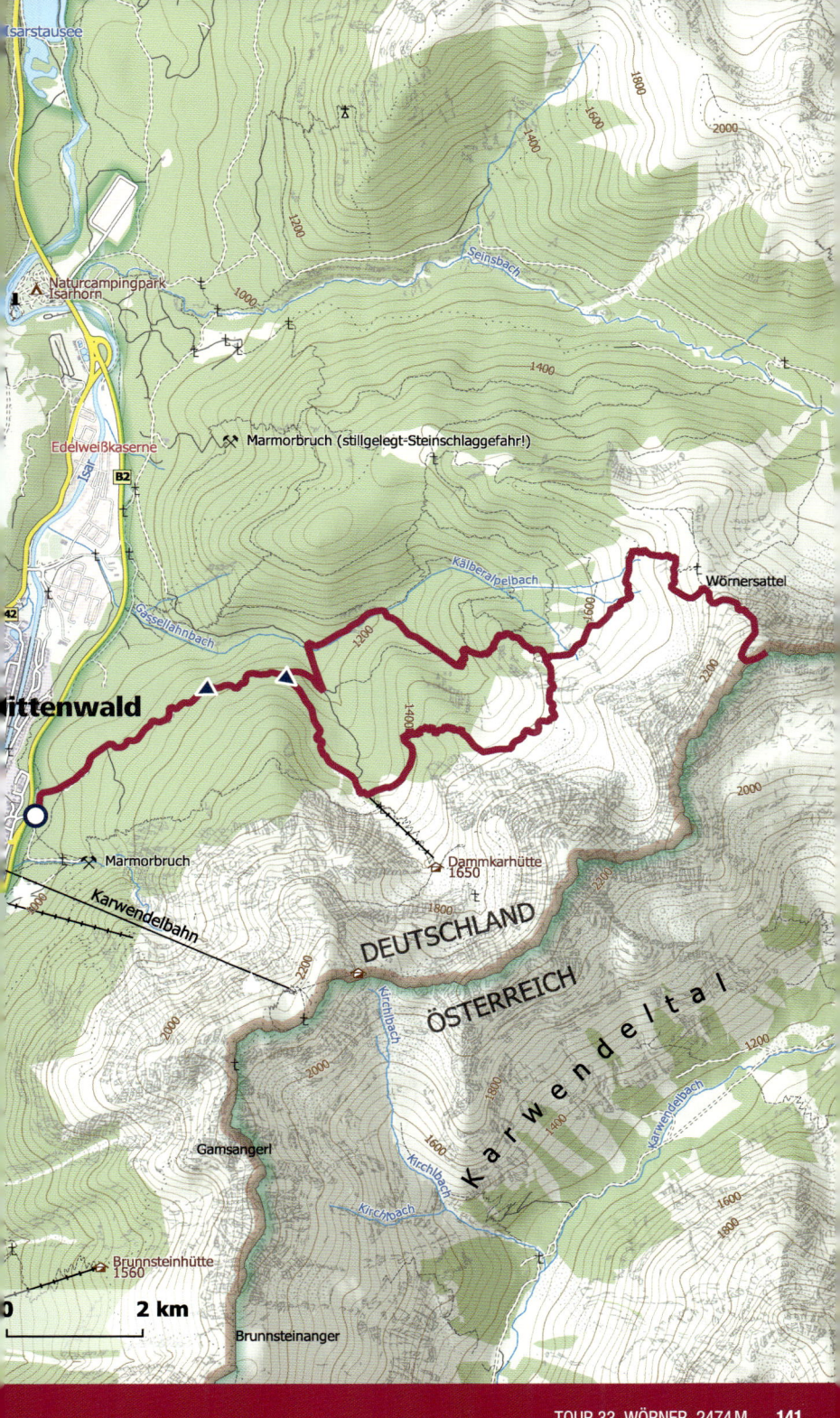

34 Wald- und Panoramawanderung am AMMERSEE

Start/Ziel
HERRSCHING

Rundtour
9,1 Kilometer
2:30 Dauer

Anreise

Anreise mit der Bahn

Umstieg: München

Zielbahnhof: Herrsching

Rückreise

gleich wie die Anreise

Den einen interessiert die großartige Wallfahrtskirche im Rokokostil, den anderen die hochkarätigen Kulturveranstaltungen und fast alle das Bierstüberl und der Biergarten beim Kloster Andechs. Mit Recht hat es der Heilige Berg zu Weltruhm gebracht, nicht nur wegen der ältesten Wallfahrt Bayerns.

Eine Wald- und Panoramawanderung. Alle Wege, wie auch der schattige Rückweg durchs Kiental, sind gut begehbar. Ein steiler Anstieg über Treppen zum Kloster Andechs. Start: Mit der S-Bahn S8 zum S-Bahnhof Herrsching (540 m) in der MVV-Tarifzone 3/4. P+R-Parkplatz an der Ladestraße und an der Straße Zum Landungssteg. Die Rückfahrt beginnt wieder am S-Bahnhof Herrsching.

Los geht es! Entfliehen wir dem Trubel in Herrsching über die Klosterleite zum Heiligen Berg Andechs. Wir blicken unter weiß-blauem Himmel in die Ferne und genießen eine Maß Andechser Bier vor dem Rückweg durchs schattige Kiental.

Am Wochenende herrscht am S-Bahnhof Herrsching in aller Regel mächtig Trubel. Ein Parkplatz ist schwer zu finden. Wir sind aber wohl mit der S-Bahn gekommen und halten uns am Bahnhofsplatz nach rechts. Schräg gegenüber an der Tourist-Information beginnt die Fischergasse. Daneben fließt der Kienbach, durch dessen Tal wir später wandern werden. Zunächst gehen wir also durch die Fischergasse zur Mühlfeldstraße, queren sie und wenden uns nach links zur Andechsstraße. Dort, am Gasthof Hotel Zur Post, biegen wir ein und gehen auf die Kirche St. Martin zu. Sie liegt erhaben auf einem Hügel. Fast 1.000 Jahre alt, mit schöner Aussicht.

Unterhalb der Kirche steht eine goldene Mariensäule. Wir gehen an ihr vorbei und dann links in die Straße Leitenhöhe hinauf. An der Verzweigung mit dem Adolf-Ockert-Weg geht's nach links. Im weiteren Verlauf halten wir uns ebenfalls links stetig bergauf zur Klosterleite und wechseln auf einen schmalen Waldweg. Bald halten wir uns erneut links und stoßen auf den Hörndlweg. Wir verlassen den Wald und wandern über eine herrliche Wiese, mit Blick zum Kloster Andechs und der Klosterkirche, zu den ersten Häusern von Erling. Gleich führt uns der Wartaweiler Weg links hinab zum Kienbach und zu einem kleinen Wasserfall an der Brücke. Nach der Brücke gehen wir links wenige Schritte durch das Kiental und steigen dann rechts die Stufen hinauf zum Kloster. Wir erreichen die Wallfahrtskirche

auf dem Heiligen Berg. Weithin sichtbar erhebt sie sich diese mit ihrem charakteristischen Zwiebelturm. Das Benediktinerkloster ist Wallfahrtsort mit Brauerei und Biergarten. Im Andechser Braustüberl gibt's Bier aus der Klosterbrauerei und leckeren Schweinebraten.

Wohl gestärkt geht's zurück nach Herrsching. Vom Eingang zur prachtvollen Wallfahrtskirche gehen wir auf dem Weg am Zaun entlang zu unserem Aufstiegsweg. Ein letzter Blick nach Süden in die Bayerischen Voralpen und wir steigen hinab ins Kiental. Nach rechts führt der breite und gut ausgebaute Wanderweg nach Herrsching am Ammersee. Markante Felsen und mächtige Bäume säumen unseren Weg in der romantischen Bachschlucht bis zu den ersten Häusern in der Kientalstraße von Herrsching. Wir erreichen wieder die Kirche St. Martin links oben auf dem Hügel und gehen links um sie herum.

Nun geht's geradeaus in die Andechsstraße und über die Mühlfelder Straße und Fischergasse zurück zum S-Bahnhof Herrsching, unserem Ausgangspunkt.

35 STARNBERGER SEE
Wandertour am

Start/Ziel
TUTZING

Rundtour
9,4 Kilometer
2:15 Dauer

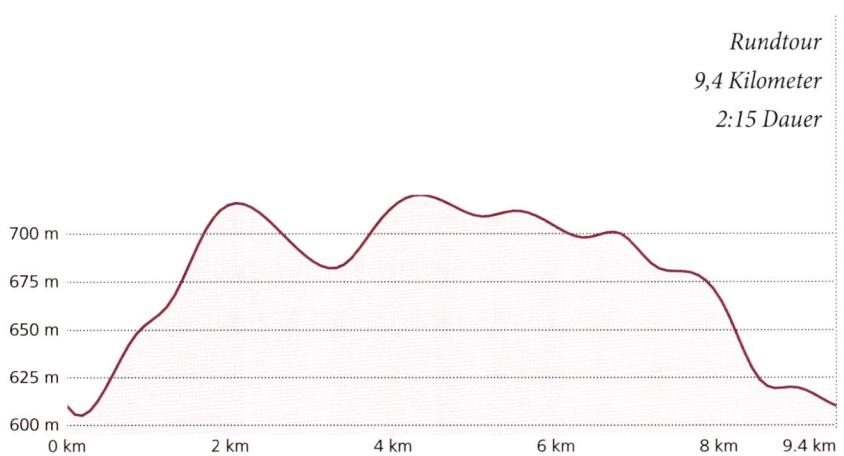

Anreise

Anreise mit der Bahn

Umstieg: München

Zielbahnhof: Tutzing

Rückreise

gleich wie die Anreise

Für einige ist die Ilkahöhe einfach nur eine Erhebung zwischen Ammersee und Starnberger See im Fünfseenland. Für andere ist sie Erinnerung an eine weltoffene, mutige Frau, die Hebamme war und in Not geratene Frauen auch kostenlos behandelte. Schmale Asphaltsträßchen wechseln mit Schotterwegen und Waldpfaden. Steile Passagen führen bergauf und bergab. Start: Mit der S-Bahn S6 zum S-Bahnhof Tutzing (610 m). P+R-Parkplatz in der Bahnhofstraße. Die Rückfahrt beginnt wieder am S-Bahnhof Tutzing.

Uns erwartet ein Wandertraum mit unvergleichbarem Panoramablick über das schillernde Blau-Grün des Starnberger Sees bis zur Zugspitze. Steil geht es die ersten vier Kilometer vom Starnberger See hinauf zur Ilkahöhe und von dort oberhalb des Sees über herrliche Wiesen und schattigen Wald zum Deixlfurter See.

Los geht es! Vom Bahnhof Tutzing in der Bahnhofstraße wenden wir uns nach links und biegen in die Heinrich-Vogl-Straße ein. Hinter der Bahnunterführung geht's nach links in den Beringerweg und nach wenigen Schritten rechts Am Höhenberg hinauf. Durch eine Allee erreichen wir den Wanderparkplatz Ilkahöhe. Links geht's über die Monatshauser Straße nach Oberzeismering. Vor der Guts- und Forstverwaltung folgen wir dem Weg hinab zum Restaurant Forsthaus Ilkahöhe mit dem wohl schönsten Panorama am Starnberger See. Also nach dem Aufstieg schon mal einkehren. Oberhalb steht die Kirche St. Nikolaus. Einst feierten die Tutzinger ihre Christmette hier oben in dieser liebenswürdigen Kirche.

Wir gehen wieder hinauf an die Wegkreuzung und jetzt geradeaus bis vor den Waldstreifen. Ein Pfad führt rechts hinauf zur Ilkahöhe, zum höchsten Punkt unserer Wanderung. Rechts wandern wir am „Gipfel" entlang zur Monatshauser Straße und gehen hinab zum Wanderparkplatz Ilkahöhe. Wir biegen links ein und folgen dem Waldweg zu den Häusern in der Bavariastraße von Obertraubing. An der Kustermannstraße kurz nach rechts und gleich links auf den Waldweg zum Deixlfurter See gehen. An der Rechtskurve geht's links an das Ufer und rechts zwischen dem See und dem Rüdinger Weiher entlang zum Weg vor dem Johannaweiher. Im spitzen Winkel wandern wir nach rechts und dann am Waldrand wieder rechts hinunter nach Tutzing. Nach dem Hof am Ortsrand gehen wir rechts und sofort links zur

Kreuzeckstraße. Sie stößt auf die Zugspitzstraße, die rechts zur Heimgartenstraße führt. Links geht's im Benediktenweg steil bergab zur Traubinger Straße und auf ihr rechts vor die Bahnunterführung. Rechts kommen wir zur Heinrich-Vogl-Straße, folgen ihr durch die Bahnunterführung und stoßen wieder auf die Bahnhofstraße am S-Bahnhof Tutzing; Ziel erreicht.

36 Radtour nach FREISING

Start/Ziel
NEUFAHRN

Rundtour
41,6 Kilometer
2:30 Dauer

Anreise

Anreise mit der Bahn

Umstieg: München

Zielbahnhof: Neufahrn

Rückreise

gleich wie die Anreise

Start- und Zielpunkt dieser abwechslungsreichen Rundtour ist beim S-Bahnhof Neufahrn.

Los geht es! Am S-Bahnhof Neufahrn gehen wir durch die Bahnhofsunterführung zur Massenhausener Straße, radeln über den Kurt-Kittel-Ring und auf der Fußgängerbrücke über die Autobahn zu den Mühlseen. Der Weg führt zwischen den Seen über die Straße An den Mühlseen Hier halten wir uns links, dann queren wir die Straße und stoßen auf die Neufahrner Straße am Gehöft. Wir überqueren sie und radeln rechts auf dem Feldweg durch den Hof nach Massenhausen. Wir stoßen auf die Fürholzer Straße und setzen gegenüber im Mühlweg die Radtour fort. Auf dem Mühlweg gelangen wir zur Oberen Hauptstraße am Ortsausgang, fahren kurz links und nehmen den ersten Feldweg wieder links nach Hetzenhausen. Von der Straße Am Grasgarten gelangen wir zur Hauptstraße. Wir biegen rechts ab, bis links der Weg Am Winkelfeld abzweigt. Wir folgen ihm über die Autobahn zur Kreisstraße. Gegenüber geht es hinauf zur Kirche St. Georg, dann bergab nach Weng. An der Ortsdurchfahrt biegen wir rechts ab und nehmen die Straße vor der Autobahn nach Thurnsberg. An der Amperbrücke radeln wir links über die Amper und den Werkkanal und nehmen den Weg rechts entlang des Werkkanals an Thurnsberg vorbei. Wir stoßen auf die Kreisstraße nach Kranzberg und folgen ihr rechts durch Hagenau an den Kranzberger See. Zum See geht es über die Parkplätze. Am Ufer halten wir uns links, erreichen die Straße nach Kranzberg und folgen ihr über die Amperbrücke bis zur Kirchbergstraße Ihr folgen wir rechts den Berg hinauf bis zur Hohenbachernstraße Auf ihr radeln wir rechts in den Kranzberger Forst und halten uns geradeaus hinunter nach Hohenbachern.

In Hohenbachern bleiben wir auf der Ortsstraße und fahren nach Vötting und dort an der Schule vorbei zur Griesfeldstraße. Wir biegen rechts ab, hinunter an die Giggenhauser Straße". Wir halten uns links und fahren nach der Kurve rechts in den Mühlenweg" zur Moosach in Freising. Wir bleiben auf dieser Bachseite und radeln auf dem schmalen Weg unterhalb von Weihenstephan an der Moosach entlang zum Veitsmüllerweg. Nach links erreichen wir die Vöttinger Straße. Hier rechts und über die Kreuzung gelangen wir über die Obere Hauptstraße in die Altstadt von Freising (eine der ältesten Städte Oberbayerns) und folgen ihr bis zur Bahnhofstraße. Diese zweigt rechts ab und bringt uns zum Bahnhof Freising. Wir gehen unter

den Bahnsteigen hindurch zur Isar-Seite des Bahnhofs und radeln links über den P+R-Platz bis kurz vor die Isarbrücke, der Erdinger Straße. Am Radweg auf dem Isardamm fahren wir rechts auf dem Isar-Radweg Richtung München, an Achering vorbei, unter der Autobahn hindurch bis Mintraching. Hier radeln wir nach rechts den Isarweg hinauf und fahren über die B 11 nach Mintraching hinein. Auf der Ortsdurchfahrt in Richtung Neufahrn gelangen wir am Sportpark in den Galgenbachweg", der uns weiter zur Bahnhofstraße führt. Hier rechts und wir sehen bereits den S-Bahnhof Neufahrn wieder.

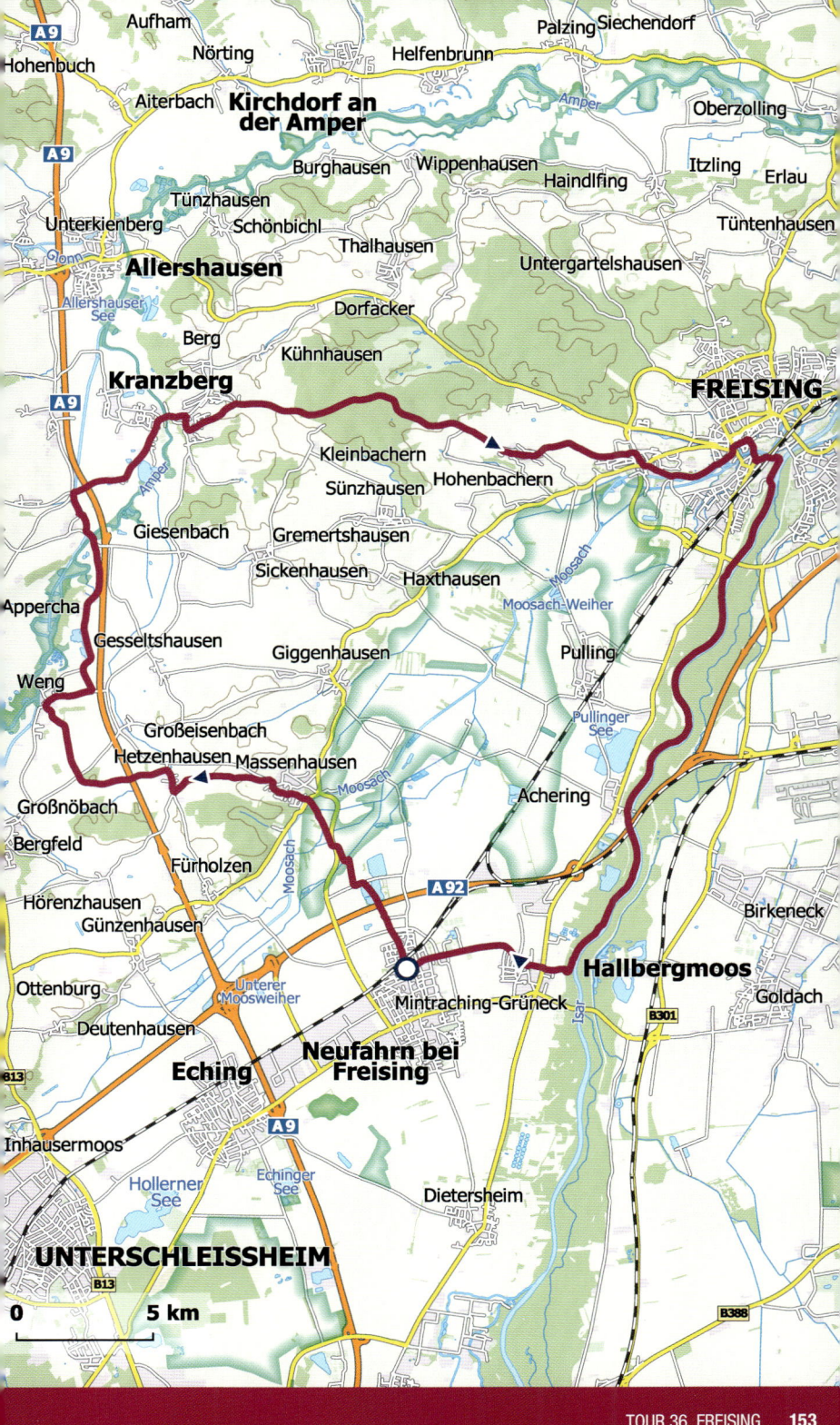

Stadtwanderung durch

37 MÜNCHEN

Start/Ziel

SCHEIDPLATZ

Rundtour
6,3 Kilometer
1:40 Dauer

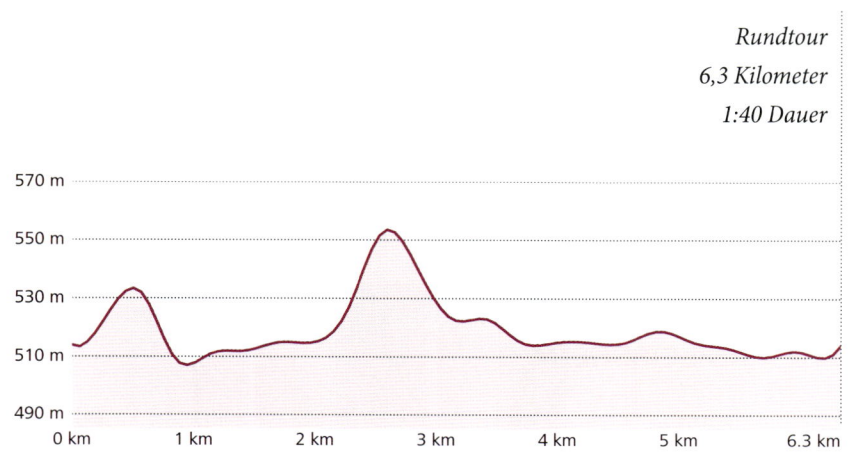

Anreise

Anreise mit der Bahn

Umstieg: München

Zielbahnhof: U-Bahnhof Scheidplatz.

Rückreise

gleich wie die Anreise

Der Olympiapark München bietet Entspannung, Natur, Events und Konzerte, dazu das Olympiastadion, die Olympiahalle, die Schwimmhalle und den Olympiaturm. Erbaut anlässlich der Olympischen Sommerspiele von 1972, die leider mit einem Terroranschlag endeten.

Gut ausgebaute Parkwege und kleine asphaltierte Sträßchen mit zwei Anstiegen im Luitpoldpark und auf den Olympiaberg. Start: Mit den S-Bahnen S1–S8 zum S-Bahnhof Hauptbahnhof. Umsteigen in die Linien U2 und U8 zum U-Bahnhof Scheidplatz (511 m) Die Rückfahrt beginnt wieder am U-Bahnhof Scheidplatz.

Wer mal das Panorama der Isarmetropole und der ganzen Olympiaparkanlage genießen will, fährt mit dem Fahrstuhl zur Aussichtsplattform des 291 m hohen Olympiaturms. Mit einer Geschwindigkeit von 7 m/s kommt man auch dem 7. Himmel schnell näher.

Los geht es! Am U-Bahnhof Scheidplatz und der Tramwendeschleife beginnen wir den „Aufstieg" auf den rund 37 m hohen Luitpoldberg, aus Trümmern der im Zweiten Weltkrieg zerstörten Häuser Münchens. Über Serpentinen erreichen wir das bronzene Trümmerkreuz. Geradeaus geht's hinab zum U-Bahnhof Petuelring an der Schleißheimer Straße. Wir queren den P+R-Parkplatz und gehen links auf den Weg neben der Birnauer Straße zur Lerchenauer Straße. Hier beginnt der Olympiapark. Auf dem Willi-Gebhardt-Weg spazieren wir am Olympiasee entlang. An der Halbinsel, hier gibt's einen Bootsverleih, steigen wir auf den Olympiaberg. Auf halber Höhe liegt die Olympiaalm mit geselligem Biergarten. Wir schreiten weiter aufwärts zum Aussichtspunkt Olympiaberg, 565 m hoch mit einzigartiger Aussicht über den See zum Fernsehturm und das Olympiastadion.

Auf dem Serpentinenweg geht's abwärts zum Rudolf-Harbig-Weg und sofort links oberhalb des Spiridon-Louis-Ring an die Ackermannstraße. Dort queren wir nun den Spiridon-Louis-Ring und gehen den Wiesenweg hinauf durch den Landschaftspark parallel zur Ackermannstraße zur Fußgängerbrücke über der Ackermannstraße. Wir gehen hinüber und geradeaus durch das Wohnquartier in Schwabing-West. Unser Weg führt zur Saarstraße, dann zur Clemensstraße, in der wir die Schleißheimer Straße queren. Am Bayernplatz sehen wir die Statue aus Stein von Undine Werdins „Daphne". Wir gehen links in den Park und geradeaus durch zur Karl-Theodor-Straße.

Gegenüber sehen wir den Obelisken im Luitpoldpark, der an den Prinzregent Luitpold erinnert. Wenn wir weiterhin geradeaus gehen, sehen wir linker Hand das Restaurant Bamberger Haus. Am Weg zum Haus wenden wir uns nach rechts und erreichen über die Voelderndorffstraße wieder den U-Bahnhof Scheidplatz, unseren Ausgangspunkt.

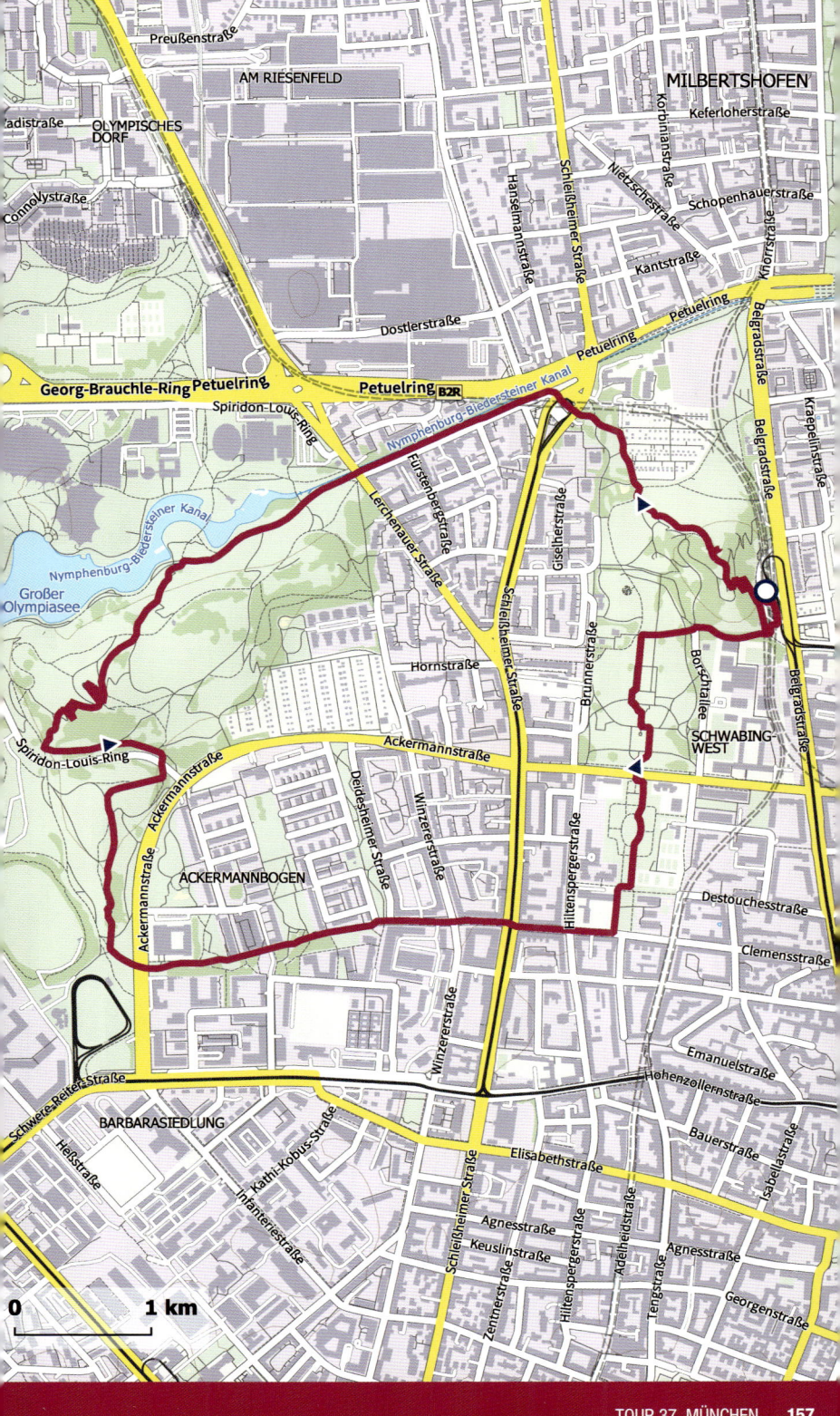

Radtour entlang der
38 DONAU

Anreise
Anreise mit der Bahn

Zielbahnhof: Ingolstadt

Rückreise
Rückreise mit der Bahn

Umstieg: Ingolstadt

Zielbahnhof: Kelheim-Saal(Donau)

von
INGOLSTADT

54 Kilometer
3:30 Dauer

nach
KELHEIM

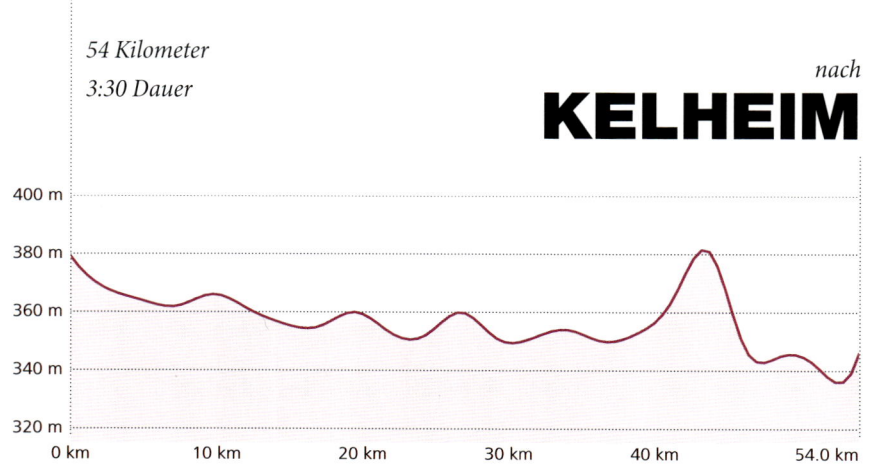

Ausgangspunkt der ausgedehnten Tour ist beim Neuen Schloss in Ingolstadt.

Los geht es! Wir starten am Paradeplatz vor dem Neuen Schloss in Ingolstadt, radeln links um das Schloss herum und biegen dann rechts ab in die Roßmühlstraße hinunter zur Schlosslände am Donauufer. Über die Straße und links entlang der Donau unter der Eisenbahn- und danach unter der Straßenbrücke hindurch. Dem Linksbogen folgen und rechts schwenken auf den Fahrweg, der wie eine Allee zur parallel geführten Gerhart-Hauptmann-Straße führt.

An den Parkplätzen des Stadions vorbei unterfahren wir die Autobahn und biegen sofort links ab und dann rechts auf den Weg, der uns nach Großmehring bringt. Die Kläranlage und das Bayernwerk sehen wir zur Linken. Am Ende des Umspannwerkes können wir nach Kleinmehring hineinfahren oder gleich weiter der Donau entlang nach Großmehring. Die Variante und der Hauptweg kommen an der Donaubrücke wieder zusammen. Der Hauptweg führt nach Kleinmehring hinein. Wir radeln links auf den Teich zu, umfahren ihn nach rechts, über den Steg am Mailinger Bach zur Unterführung an der Straße mit dem Mühlbach. Wir radeln im spitzen Winkel nach rechts zurück, gleich links über den Bach zur Nibelungenstraße. Wir folgen ihr nach rechts. Ab der Kirche heißt die Straße Uferstraße, auf der wir an der alten Donau entlang zur Donaustraße in Großmehring gelangen. Zur Donaubrücke biegen wir rechts ab und radeln über die Donau. Am anderen Ufer überqueren wir die Straße nach links und folgen dem Weg an das Donauufer. Auf ihm radeln wir bis nach Vohburg. Unterwegs sehen wir das Dampfkraftwerk und danach das Stauwehr an der Donau. Hier halten wir uns rechts und nach der Brücke links zum Dammweg hinauf bis an die Donaubrücke von Vohburg. Wer sich das Städtchen mit dem Schloss und der Kirche auf dem Burgberg ansehen möchte, biegt rechts ab.

Unser Weg führt uns weiter über die Brücke an das andere Donauufer an die Kreuzung bei Oberdünzing. Wir biegen rechts ab, fahren ein Stück auf der Schützenstraße und schwenken links auf den Feldweg parallel zur Staatsstraße. Wir radeln nach Dünzing hinein, jetzt auf der Dorfstraße, der wir nach rechts aus Dünzing hinaus folgen. Bald erreichen wir Wackerstein in der Vohburger Straße. Wir folgen ihr durch Wackerstein erst rechts, dann entlang der Staatsstraße, dann links und geradeaus Richtung Pförring. Kiesseen begleiten uns ein Stück des Weges, bevor wir in der Ingolstädter Straße nach Pförring hineinfahren. Am Donaualtwasser stoßen wir auf die Donaustraße, der wir nach rechts folgen und bald links abbiegen in die Straße Geisgries. Wir folgen der Straße links zum Badesee, halten uns am See links und stoßen dann auf die Staatsstraße. Gegenüber treffen wir auf einen Feldweg, der uns zum Deich führt. Auf der Deichkrone erreichen wir die Donaubrücke der B 299. Wir unterfahren die Bundesstraße, radeln links hinauf und auf der Brücke über die Donau. Der Radweg führt links hinunter parallel zur Bundesstraße an die Donaustraße in Wöhr. An der Donaustraße schwenken wir links ein und radeln auf Neustadt zu.

Unser Weg führt uns in der Kurve der Donaustraße nach links in die Bad-Göggginger-Straße nach Bad Gögging. Wir radeln auf der Durchgangsstraße durch den Ort. Zur Besichtigung der Limes-Therme und des Kurzentrums müssen wir von der Neustädter Straße rechts in die Heiligenstädter Straße abbiegen. Nach ungefähr einem Kilometer erreichen wir die Limes-Therme links Am Brunnenforum. Die Neustädter Straße führt uns weiter durch Bad Gögging nach Sittling. Wir folgen der Römerstraße bis vor die Kirche und biegen links ab, dann rechts und folgen dem Weg über die Brücke der Abens.

Ab hier radeln wir nach rechts auf dem Damm entlang des Kanals bis nach Eining. Auf Höhe der Kirche von Eining radeln wir über die Brücke und zur Kirche hinauf. Wer das Römerkastell Abusina besichtigen möchte, fährt ein Stück auf der Abusinastraße zurück. Zur Weiterfahrt biegen wir an der Kirche in die Pfarrer-Krottenthaler-Straße und auf den rechten Radweg ein Richtung Sandharlanden. Beim Gewerbegebiet queren wir die Straße nach links und fahren auf dem Hochweg bis zur Straße, die von Sandherlanden nach Staubing führt.

Wir biegen links nach Staubing ein und stoßen dort auf die Staatsstraße. Gegenüber radeln wir weiter in der Sandharlander Straße, halten uns links um die Kirche herum und fahren in der Straße Am Krautgarten Richtung Weltenburg. Vor der Staatsstraße schwenken wir nach links auf den Weg zur Donau. Wir folgen ihm nach links bis zur Fähre nach Stausacker. Hier müssen wir uns entscheiden, ob wir mit dem Schiff durch den Donaudurchbruch nach Kelheim fahren, oder die Variante durch das Klostertal hinauf zur Befreiungshalle und nach Kelheim wählen. Wer mit dem Schiff nach Kelheim fährt und den atemberaubenden Donaudurchbruch erleben möchte, radelt weiter zum Kloster Weltenburg. Die Anlegestelle der Schiffe liegt hinter dem Kloster. Die Schiffe verkehren regelmäßig und mehrmals täglich. Die Anlegestelle in Kelheim befindet sich am großen Parkplatz vor der historischen Altstadt. Zum Schluss dieser Etappe radeln wir über den Parkplatz zur Donaustraße, die uns durch das Donautor zu unserem Ziel in die Altstadt führt. Die Variante, die uns nach Kelheim bringt, beginnt an der Donaufähre nach Stausacker. Wir setzen über und radeln die Uferstraße hinauf zur Klosterthalstraße. Ihr folgen wir nach rechts und sehen gegenüber das Kloster Weltenburg. Die schmale Straße heißt jetzt Klostertalweg und führt uns ins Klostertal hinauf. Nach etwa 500 Metern biegen wir rechts ab auf den „Deutschen Limes-Radweg", der uns durch den Wald zur Befreiungshalle führt. Den monumentalen Rundbau erreichen wir vom Parkplatz aus nach rechts auf der Befreiungshallestraße.

Nach Kelheim radeln wir zurück an die Kreisstraße. Nach rechts biegen wir ein und fahren vorsichtig die Serpentinen hinunter nach Kelheim. Auf der „Hienheimer Straße erreichen wir den Ort und radeln geradeaus durch das Mitteltor in die Altstadt. In der Altstadtmitte zweigt rechts der Ludwigsplatz ab mit dem Rathaus und der Kirche Mariä Himmelfahrt. Die Tour kann man wunderbar in einem der vielen Cafés oder im Biergarten des Brauhauses am Ludwigsplatz ausklingen lassen, ehe man mit der Bahn zurückkehrt.

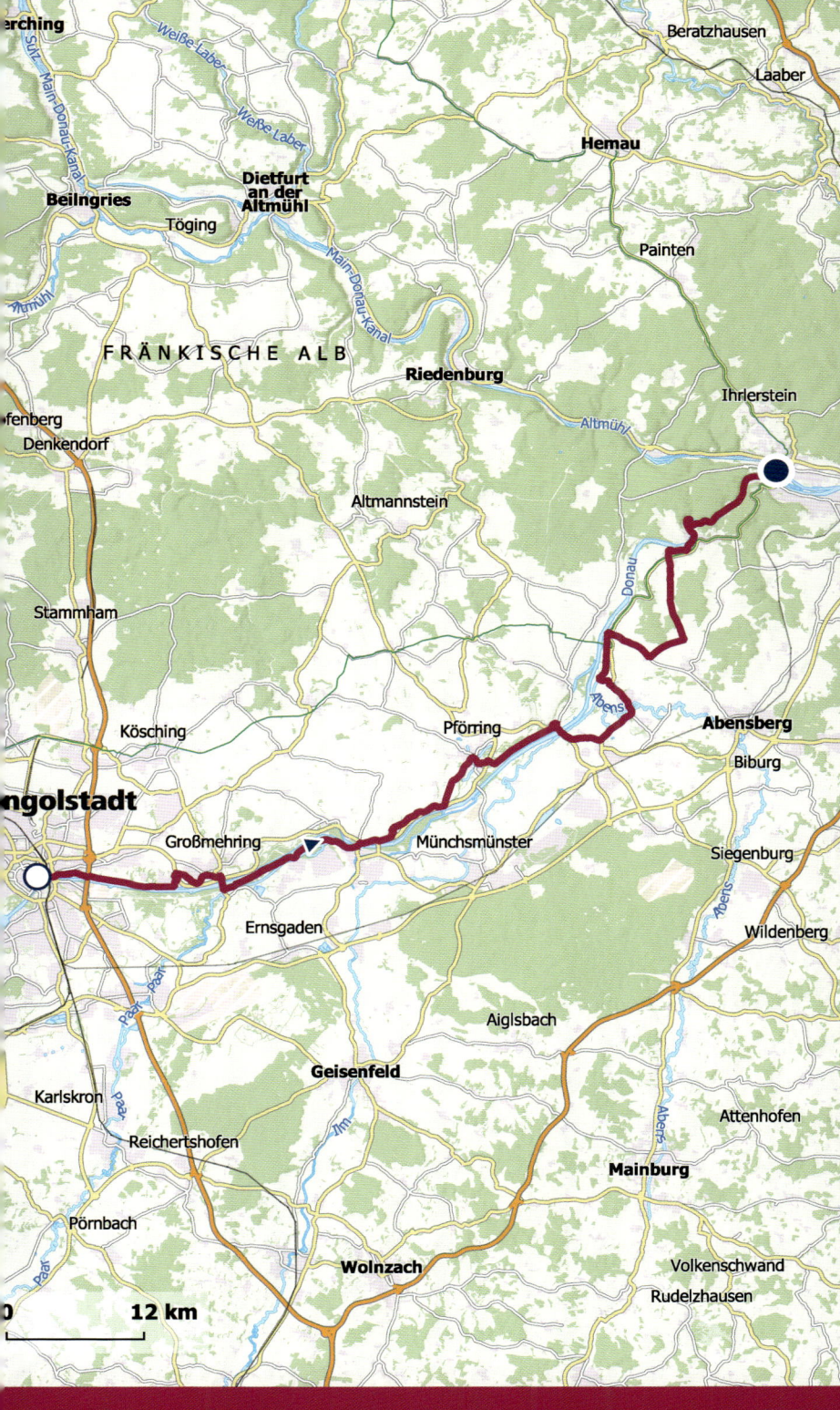

Wandertour auf den

39 GROSSEN ARBER

Start/Ziel
BODENMAIS

Rundtour
15,1 Kilometer
5:15 Dauer

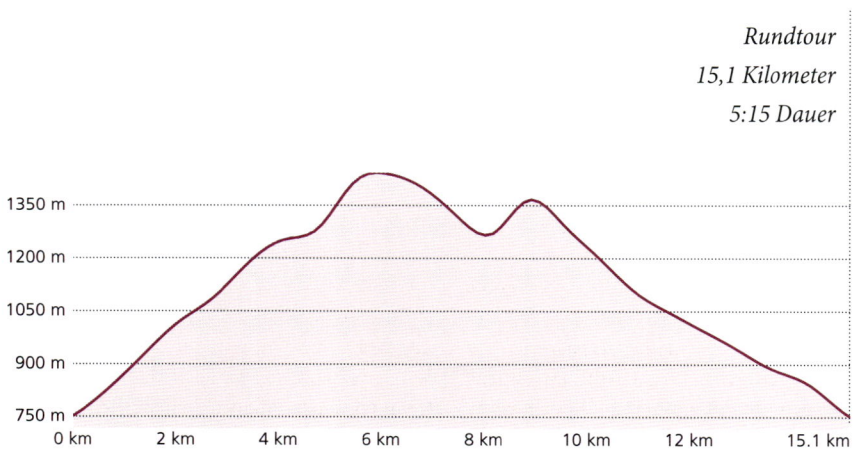

Anreise

Anreise mit der Bahn/ Waldbahn

Umstieg: Zwiesel

Zielbahnhof: Bodenmais

Rückreise

gleich wie die Anreise

Startpunkt dieser schweren, anstrengenden, aber schönen Tour ist der Parkplatz beim Gasthaus Waldhaus am Rißlochweg in Bodenmais.

Los geht es! Vom Parkplatz beim Gasthaus Waldhaus wandern wir zu den Rißlochwasserfällen hinauf und folgen weiter dem steinigen Pfad (Nr. 2) am Bachlauf entlang bis zur Kreuzung, wo es geradeaus zum Mittagsplatz geht und links die Nr. 2 Richtung Großer Arber abzweigt.

Wir stoßen auf eine kreuzende Kiesstraße und gehen an einer interessanten Holzliege (mit tollem Arberblick) vorbei geradeaus weiter. Der aussichtsreiche, anfangs flache Weg ist als Panorama-Höhenweg ausgeschildert und biegt bei einer Verzweigung rechts ab, wird steiler und steiniger und führt hoch zur Bodenmaiser Mulde.

Über viele und steile Holzstufen steigen wir hoch zum Gipfelplateau des Arbers, das durch die beiden Radartürme dominiert wird. Links taucht der markante Felsriegel auf, wir halten uns rechts und folgen dem Gipfelweg Richtung Radarantenne. An der Zwieseler Hütte (Selbstversorgerhütte) vorbei geht es zu den Felsen des Großen Seeriegels hoch, beim Abstieg machen wir einen kurzen Abstecher zur 2015 erneuerten Arberkapelle und wandern dann hoch zum kreuzgeschmückten Gipfel des Großen Arbers.

Am Kleinen Seeriegel vorbei folgen wir dem breiten Gipfelrundwanderweg bergab zur Bodenmaiser Mulde und knicken dann scharf links ab, Markierung Kleiner Arber. Den breiten Weg verlassen wir rechts auf einen schmalen, felsdurchsetzten Waldpfad, der uns in leichtem Auf und Ab zur Chamer Hütte bringt. Direkt hinter der Hütte schlängelt sich ein wurzeliger Pfad hoch zum felsigen Gipfelkopf des Kleinen Arbers.

Zurück zur Hütte schwenken wir rechts, wandern mit der Nr. 2a auf schmalem Waldpfad leicht abwärts, überqueren die Auerhahnstraße und steigen auf dem wurzeligen, teils steinigen und streckenweise feuchten Pfad bergab und kommen einem Bachlauf recht nahe. Zunächst passieren wir eine Brücke, etwas später überqueren wir den Bach über einen Steg. Das Bachtal wird schluchtartiger, Felsblöcke bauen sich auf und es geht wieder über einen Holzsteg. Weiter am Bach entlang halten wir uns bei den Rißlochwasserfällen rechts, überqueren den Bach, folgen der Markierung Bodenmais über Rißbachschlucht und kommen nach einem kleinen Gegenanstieg zu einer Schleuse mit Häuschen.

Wir bleiben rechts vom Bach und traversieren auf einem schmalen Pfad am Waldhang entlang.

Bei einer scharfen Linkskehre stoßen wir auf einen kleinen Wasserfall und ein Wehr und gehen unter dem Vordach der Unterstellhütte hindurch. Bei der nächsten Wegteilung halten wir uns links, folgen dem breiteren Weg bergab, überqueren einen angelegten Bachlauf und knicken kurz darauf scharf links ab. Auf dem abwärtsführenden, etwas verwilderten Weg schwenken wir rechts, stoßen auf einen kreuzenden Waldweg und folgen ihm nach rechts. Wir überqueren den Bachlauf über eine Holzbrücke und treffen auf unseren Hinweg kurz unterhalb des Wanderparkplatzes. Nach rechts sind wir in wenigen Minuten zurück am Ausgangspunkt beim Gasthaus Waldhaus.

Wandertour durch das

40 MANGFALLTAL

von
S-BAHNHALT KREUZSTRASSE

nach
DARCHING

10,5 Kilometer
3:00 Dauer

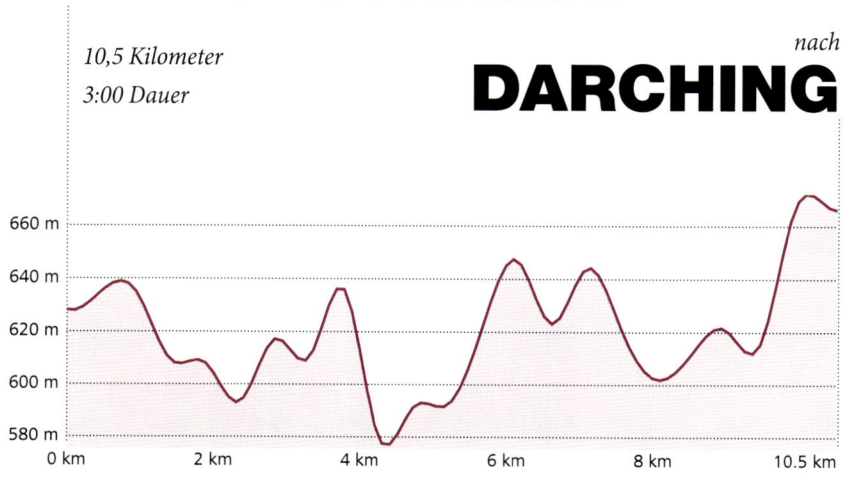

Anreise

Anreise mit der Bahn

Umstieg: München

Zielbahnhof: Kreuzstraße

Rückreise

Rückreise mit der Bahn

Umstieg: München

Zielbahnhof: Darching

Die Mangfall hat sich ihren 58 Kilometer langen Weg vom Tegernsee zum Inn durch eiszeitlichen Schutt gefräst. Das Nass, das in dieser Nagelfluhschlucht austritt, löscht den Durst vieler Menschen: Man nutzt es für die Münchner Trinkwasserversorgung ebenso wie für etliche Brauereien. Einfache, landschaftlich schöne Talwanderung mit etlichen schönen Rastmöglichkeiten. Das Ziel liegt weitab vom Ausgangspunkt.

Start: Mit der S-Bahn S7 zum S-Bahnhof Kreuzstraße (622 m). Die Rückfahrt beginnt am Haltepunkt Darching (664 m) mit der RB55 München-Bayrischzell der Oberlandbahn.

Die Mangfall entspringt dem Tegernsee und mündet bei Rosenheim in den Inn. Dieser kristallklare Gebirgsfluss hat sich nach der Würmeiszeit (vor 115.000 bis 10.000 Jahren) ein tiefes Bett gegraben und Schichten aus früheren Eiszeiten freigelegt. Gut zu sehen ist das am Nagelfluhfels am Steilufer.

Für Hydrogeologen ist das Gelände höchst interessant, und das austretende Grundwasser wird für die Münchner Wasserversorgung gewonnen. Zwischen Grubmühle und Mühltal fließt die Mangfall durch ein landschaftlich wunderschönes Tal und durch dieses verläuft die Wanderung. Zwischendurch verlassen wir den Talgrund, um nach Valley (zum Bräustüberl) anzusteigen. Der Ausflug beginnt an der S-Bahn-Station Kreuzstraße und endet am Haltepunkt Darching der Oberlandbahn, ideal also, um diese Verkehrsmittel zu benützen.

Los geht es! Vom S-Bahnhof Kreuzstraße nach Norden zur Autostraße, nach rechts übers Bahngleis und gleich darauf auf kombiniertem Rad- und Fußweg in weitem Bogen neben der Bahnstrecke um den Biberg nach Osten. Nach 2 km führt der Weg unter der Wasserrohrbrücke durch und verzweigt sich bald darauf. Dort rechts abzweigen, an einem Fischweiher vorbei und im Wald aufwärts. Im schattigen Laubwald verläuft der gute Weg in mehreren Stufen bergauf und verzweigt sich kurz vor Hohendilching. Dort nach rechts hinauf, aus dem Wald hinaus und auf einem Asphaltweg in das Bauerndorf. Dort kommt man zuerst am Wirtshaus, dann am Maibaum und anschließend an der Kirche vorbei, eine Reihenfolge, wie sie sich gehört.

Beim Gotteshaus links abzweigen und am Asphaltsträßchen Richtung Anderlmühle hinab. Dort haben sich ein paar Künstler niedergelassen, die

in ihren Gärten ihre Kunstobjekte ausstellen. Beim letzten Haus endet die Straße und man geht auf einem Feldweg weiter, der schon bald in den Wald eintaucht und zur Kapelle in Aumühle führt. Am Ortsende stößt man neben der Mangfallbrücke zur Autostraße, bei der wir rechts abzweigen. Wer nicht den steilen Schlossberg hinauf will, kann bei der Eisenschranke links abbiegen und neben der Mangfall weitergehen. Der Anstieg nach Valley aber lohnt sich. Denn nach dem 18% steilen Straßenstich kommt man neben der Brauerei direkt zum Biergarten beim Bräustüberl. Nach der Einkehr hinter dem Bräustüberl nach links auf den Talweg abzweigen und am M-Wasserweg zum historischen Pumpenhaus. Die befestigte Straße endet beim letzten Haus und von dort folgt man einem schmalen und streckenweise auch nassen Wanderweg durch den Wald nach Süden. Hier lohnt sich noch ein kurzer Abstecher zurück an die Mangfall.

Schließlich weitet sich der Pfad zu einem schmalen Fahrweg und führt zum Wirtshaus Maxlmühle (Mittwoch und Donnerstag Ruhetag). Anschließend geht es am Sträßchen zwischen dem Nagelfluh-Steilufer und der idyllischen Mangfall an etlichen kleinen Badeplätzen vorbei. Der Fahrweg steigt kurz an, führt aus dem Wald hinaus und bei der Weiglmühle in Mühltal unter der Autobahn München–Salzburg durch. Dort stößt man zur Autostraße, folgt ihr bis zum Parkplatz (wo die Straße nach links abdreht) und biegt nach rechts auf einen schmalen Fahrweg ab. Auf ihm gegen Westen hinauf und in der Rechtskehre geradeaus (also links des Sträßchens) auf einen steilen Wanderweg, der bald als Hohlweg nach Nordwesten durch eine Bahnunterführung und auf einen Wiesenweg führt. Dort ein Stück geradeaus (gegen Westen) weiter und am ersten Feldweg rechts nach Mitterdarching. Auf der Autostraße rechts und gleich darauf ist man am Bahnhof, wo die Wanderung endet.

Wandertour am
41 BAYERISCHEN MEER

von
PRIEN AM CHIEMSEE

nach
BERNAU AM CHIEMSEE

8,1 Kilometer
2:00 Dauer

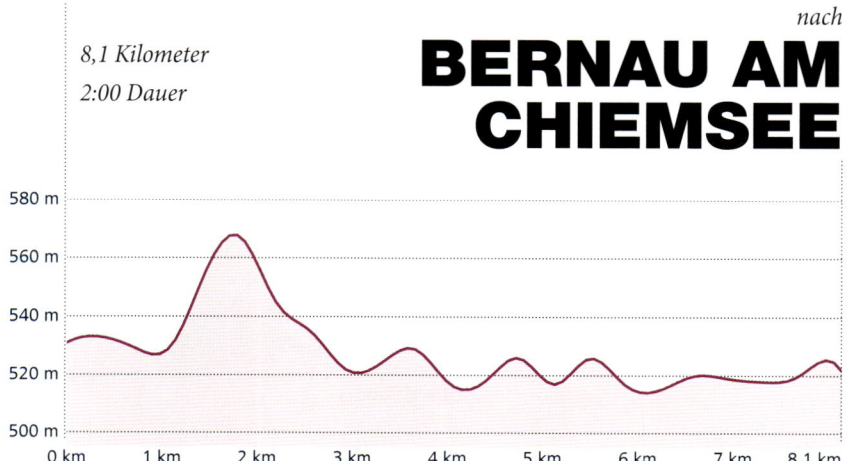

Anreise

Anreise mit der Bahn

Umstieg: Rosenheim

Zielbahnhof: Prien am Chiemsee

Rückreise

Rückreise mit der Bahn

Umstieg: Rosenheim

Zielbahnhof: Bernau am Chiemsee

Raum und Weite direkt neben hektischer Betriebsamkeit. Natur pur in wenigen Gehminuten von der Autobahn. Kontemplative Stille neben touristischem Halligalli. Der Weg von Prien nach Bernau ist in so mancher Hinsicht eine Gratwanderung. Wanderung teilweise in den lebhaften Chiemsee-Gemeinden und auf dem Chiemseeuferweg, dann aber auch im recht stillen Umland, immer mit beeindruckenden Aussichten und Eindrücken. Festes Schuhwerk auf den teils holprigen Feldwegen ist empfehlenswert.

Los geht es! Mit Blick auf die Touristeninformation Prien wenden wir uns nach links, gehen nach einigen Hundert Metern unter der Bahnunterführung hindurch und biegen in die Franz-Hager-Straße rechts ab. Wir halten uns rechts und folgen der Jensenstraße, bis wir in die Martin-Luther-Straße nach links einbiegen. Für die folgenden Kilometer können wir uns einfach an den gelb-grünen Schildern des Salz-Alpen-Steigs orientieren.

An der Evangelischen Kirche gehen wir rechts vorbei in einen ansteigenden Waldweg hinein. Bald treffen wir auf einen links abzweigenden Weg. Er bringt uns hinauf zum Herrenberg. Wir umrunden das mit einer Mauer umfriedete Herrenhaus. Ein grüner Wegweiser schickt uns in die Heubergstraße abwärts Richtung Ernsdorf. An einem großen Bauernhof zweigen wir links und dann gleich wieder rechts in eine kleine Straße ab. Bald kommt ein altes, grün gestrichenes Bauernhaus in Sicht. Hier geht's nach links. Nach einigen Metern erreichen wir offenes, landwirtschaftlich genutztes Gelände und haben freien Blick auf die Berge. Westlich auf der Anhöhe gegenüber ist die sehenswerte Kirche von Urfahrn zu sehen. Unserem Weg (Rauschbergweg) folgen wir, bis der Moosweg nach rechts abzweigt, auf dem wir das Landschaftsschutzgebiet betreten. Nun geht's durch das Harasser Moos. Entlang von Entwässerungsgräben und durch lichten Baumbestand. Nach ca. 10 Minuten im Wald biegt unser Weg nach links ab (hier fehlt die Markierung).

Bald kommen wir an eine Teerstraße und erkennen rechts von uns die Schilder des Campingplatzes und der Surfschule. In diese Straße biegen wir nach links ein und gleich darauf nach rechts in den gekennzeichneten Wanderweg. Am folgenden Jachthafen gibt es das Restaurant zum Fischer am See. Kurz danach erreichen wir eine kleine Brücke (Badeplatz am Schöllkopf), vor

der wir nach rechts abbiegen. Mit der nun folgenden Brücke überqueren wir den Harasser Moosgraben und gleich danach mit einer 3. Brücke den Mühlbach. Bis Bernau folgen wir nun dem Chiemsee-Uferweg. Er bringt uns entlang der Bernauer Achen unter der Autobahn hindurch in den Ort hinein. An der Baumannstraße gehen wir Richtung Bahnhof und verlassen damit den Salz-Alpen-Steig.

Stündlich fährt der Zug von hier zurück nach Prien. Wir können die Wanderung also hier beenden oder auf gleichem Weg zurück nach Prien gehen.

Wandertour auf den

42 HOCHBERG

Start/Ziel

CHIEMGAUHALLE TRAUNSTEIN

Rundtour
11,8 Kilometer
4:00 Dauer

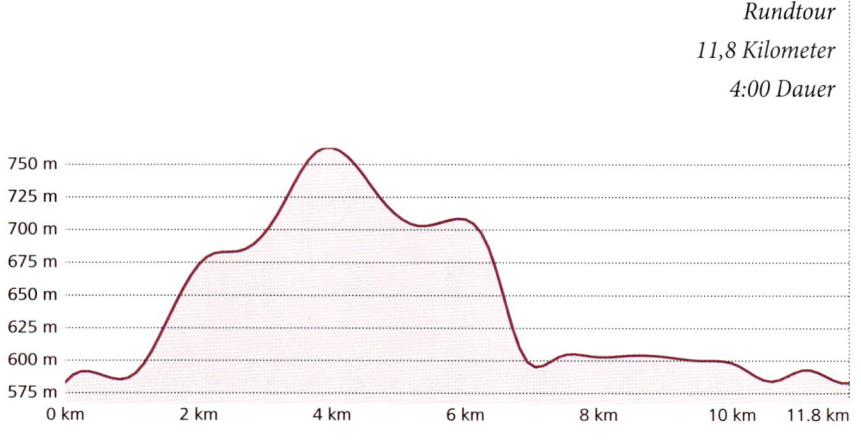

Anreise

Anreise mit der Bahn

Umstieg: Hamburg/Kiel

Zielbahnhof: Westerland(Sylt)

Rückreise

gleich wie die Anreise

Auch wenn man den Bergen mal kurz den Rücken zuwendet, hat man im Chiemgau oftmals einen schönen Blick. Ganz besonders gilt das für die leicht erreichbare Aussichtskanzel des Hochbergs. Leichte Wanderung auf ruhigen Nebensträßchen und schön angelegten Wald- und Uferwegen. Im Aufstieg sind ein paar steilere, aber nur kurze Passagen zu bewältigen.

Eine vielseitige Wanderung, wie geschaffen für heiße Tage. Die erste Hälfte führt großteils durch schattigen Wald. Nach einem sonnigen Teilstück bietet die zweite Hälfte wieder Schatten entlang des kühlen Nasses der Traun.

Los geht es! Vom großen Parkplatz bei der Chiemgauhalle in Traunstein aus unterqueren wir die B 306. Wir halten uns rechts, schwenken vor der Freiluftkletteranlage nach rechts und überqueren die Bundesstraße und die Traun auf der Fußgängerbrücke. Direkt nach der Brücke halten wir uns links, überqueren einen Bachlauf und folgen einem schmalen Fußpfad parallel zum Traunufer. Bei der nächsten (überdachten) Traunbrücke gehen wir links über die Traun und unterqueren die Straße, stets der Markierung Nr. 10 Hochberg folgend. Kurz auf Asphalt, dann links auf einem schmalen Kiesweg, der bald in den Wald abbiegt und auf steilen Treppen den Waldhang hinaufleitet. Es geht aussichtsarm und schattig auf und ab, bis sich die Bäume lichten und den Blick Richtung Hochstaufen freigeben.

Nach einer scharfen Rechtskurve folgen wir dem Abzweig nach rechts, kreuzen diverse Bachläufe und erreichen nach einer letzten Linkskehre den Waldrand. Der Markierung folgend rechts wieder in den Wald hinein geht es über einen kreuzenden Forstweg erneut zum Waldrand. Wir orientieren uns am vor uns auftauchenden Sendemasten. Über Wiesengelände stoßen wir auf die Fahrstraße und erreichen rechts haltend Hochberg mit seiner grandiosen Panoramasicht.

Vorbei an der Sendeanlage, dem Feuerwehrhaus und dem Alpengasthof Hochberg wandern wir auf dem Asphaltsträßchen leicht bergab. Über Stein und Höll geht es an imposanten Bauernhäusern vorbei gemächlich abwärts, bis wir auf die Abzweigung rechts nach Hinterwelln (Nr. 10) treffen. Hinter einem eindrucksvollen Bauernhaus biegen wir rechts auf einen Naturweg ab. Es geht in den Wald und in Kehren bergab. Der Autobahn näherkommend stoßen wir auf eine Asphaltstraße, der wir links folgen (Beschilderung Traunauen/Siegsdorf). Der Hochbergstraße entlang, bis links die Betzstraße abbiegt,

die uns über eine Brücke und am Wehr vorbei zum Ufer der Roten Traun bringt. Dort endet der Asphalt, wir unterqueren die B 306 und der kurvige Naturweg leitet uns zum großen Pendlerparkplatz bei der Brücke über die Weiße Traun. Wir folgen dem gekiesten Traunsteig am Ufer der Weißen Traun entlang, überqueren auf einer Eisenbrücke die Rote Traun und stoßen auf die B 306.

Auf einem breiten Fußweg bleiben wir zwischen Traun und Bundesstraße, passieren auf einem deutlichen schmaleren Wegstück das Seiboldsdorfer Traun-Wehr. Bald ist – bei der Straßenunterführung und kurz vor der überdachten Traunbrücke – die Verzweigung mit dem Hinweg erreicht, auf dem wir gemütlich zur Chiemgauhalle zurückwandern.

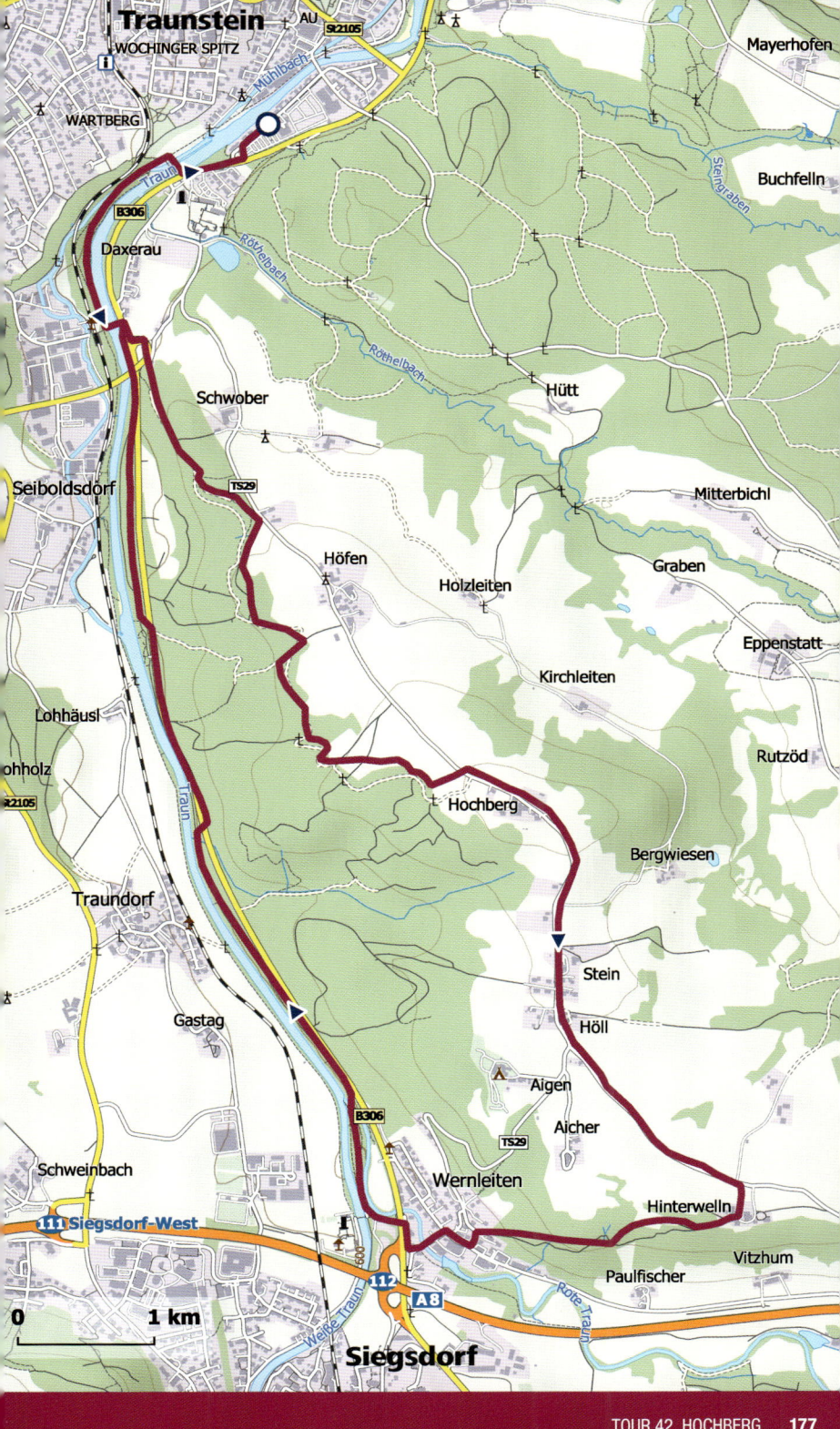

Kanu-/SUP-Tour am
43 WAGINGER SEE

Start/Ziel
TETTENHAUSEN

Rundtour
9,2 Kilometer
3:00 Dauer

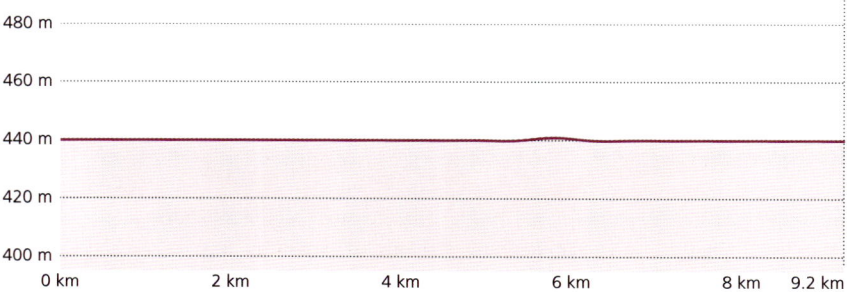

Anreise

Anreise mit der Bahn

Umstieg: Rosenheim / Freilassing

Zielbahnhof: Waging am See

Anreise mit dem Bus (Linie 4)

Umstieg: Freilassing

Zielhalt: Tettenhausen

Rückreise

gleich wie die Anreise

Ein guter Startpunkt für eine Tour mit eigenem Kanu und Bootstransport mit PKW ist der Strand vom Campingplatz Tettenhausen. Außerhalb vom Campingplatz gleich nach der Seebrücke gibt es Parkplätze. Ohne eigenes Boot ist es auch kein Problem – rund um die Seen gibt es eine Vielzahl von Kanu- und SUP-Verleihstationen.

Los geht es! Die Tour rund um den Tachinger See ist nur ein Beispiel für die Vielzahl der Wassersportmöglichkeiten auf den beiden Seen. Freilich können wir auch bequem den Waginger See erkunden. Beide an einem Tag komplett zu befahren, ist eine sportliche Angelegenheit, denn von der südöstlichen Spitze bei Petting bis zum Strandbad von Tengling sind es rund 10 Kilometer, und hin und zurück 20 Kilometer sind etwas für Vielpaddler mit schnittigem, schnellen Boot wie einem Seekajak. Mit gemütlicherem Wassergefährt wird sich ein anständiger Muskelkater herausbilden – muss ja nicht sein, und mit dem SUP unternehmen die wenigsten eine so lange Strecke.

Aber jetzt Leinen los und ab auf den See: Vom Tettenhausener Strand, der schon am Waginger Seeufer liegt, paddeln wir erst einmal unter der Seebrücke hindurch und sind jetzt auf dem Tachinger See. Die Umweltqualität des Tachinger Sees ist sehr gut, denn am See direkt gibt es keine Ortschaft, alle liegen um den See herum auf Hügeln. Warum? Wegen einer Maßnahme zur Landgewinnung wurde im Jahr 1867 der Seespiegel abgesenkt, dadurch konnten die Gemeinden mehr Flächen gewinnen. Übrigens hielt das den Bürgermeister von Waging in der Zeit nach dem Krieg und aufkeimendem Tourismus nicht von einer Werbemaßnahme ab: Auf Postkarten und Plakaten ließ er den Ort direkt am See darstellen, noch dazu in Nachbarschaft der Alpen – ein Besucheransturm war die Folge. Dennoch hält sich die Bebauung rund um die ländlich-sittlich gebliebenen Seen in Grenzen. Wir paddeln pfeilgerade nach Norden, auf einer Kuppe rechts oberhalb sehen wir die Häuser von Bicheln. Dann folgt ein langes Stück mit bewaldeten Hügeln, und wenn das Gelände offener wird, sind wir schon am Strandbad von Tengling angekommen. Hier können wir eine Runde schwimmen und es gibt auch einen Kiosk mit Biergarten, bei bester Aussicht auf die

Landschaft. Die Westseite paddeln wir nach Süden, jetzt können wir den Alpenrand erkennen.

Kennzeichen der Zivilisation erreichen wir erst nach mehreren Paddelkilometern, nämlich das Strandbad von Taching und den Campingplatz, der Ort an sich liegt ebenfalls ein Stück vom See entfernt. Von hier sind es noch etwa anderthalb Kilometer zurück zum Start am Tettenhausener Strand – geschafft! Der Waginger See ist übrigens noch ein Stück länger – also Kondition gut einteilen ...

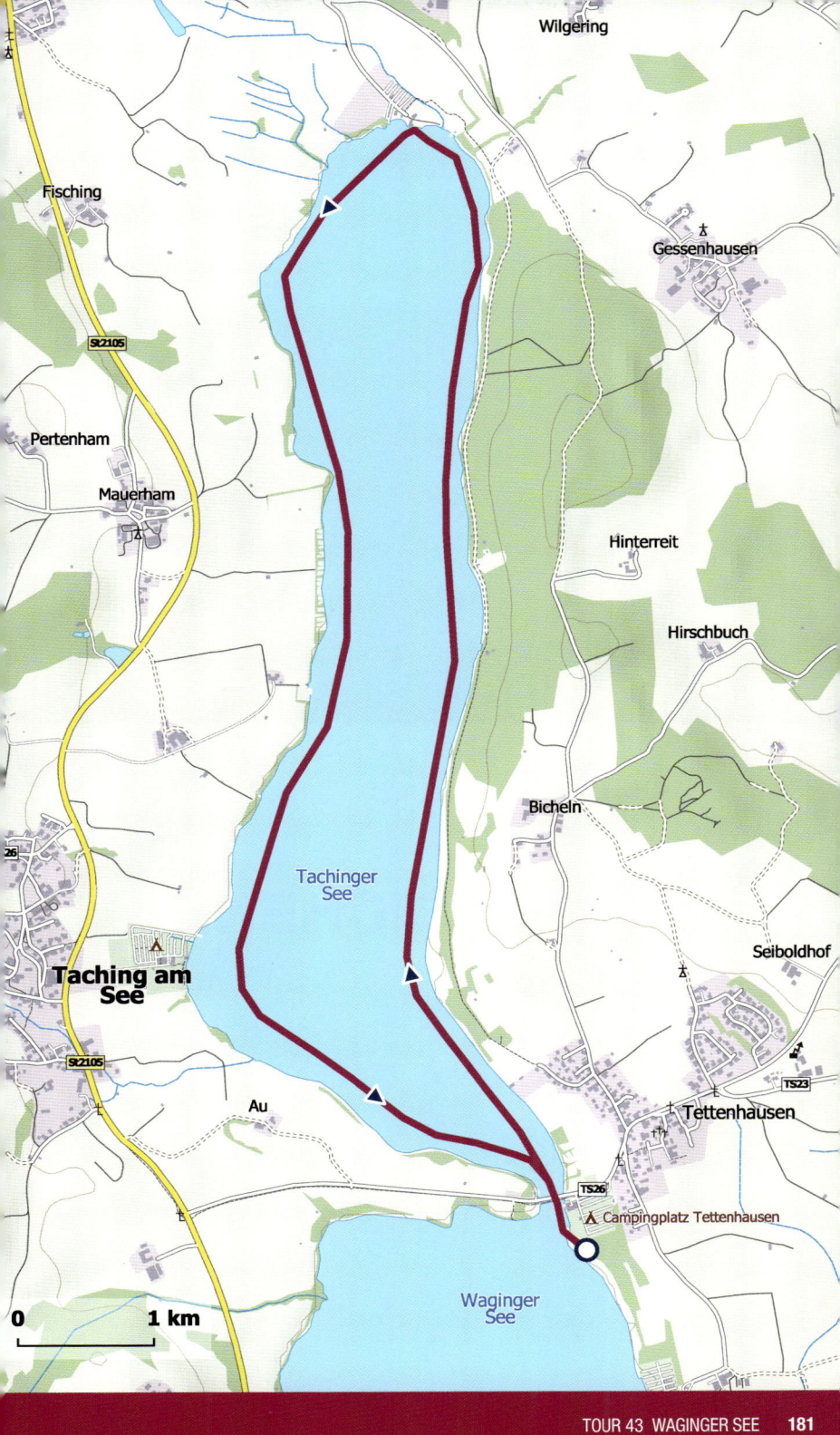

44 DÖTZENKOPF
Wandertour auf den

Start/Ziel
BAD REICHENHALL

Rundtour
6,8 Kilometer
2:45 Dauer

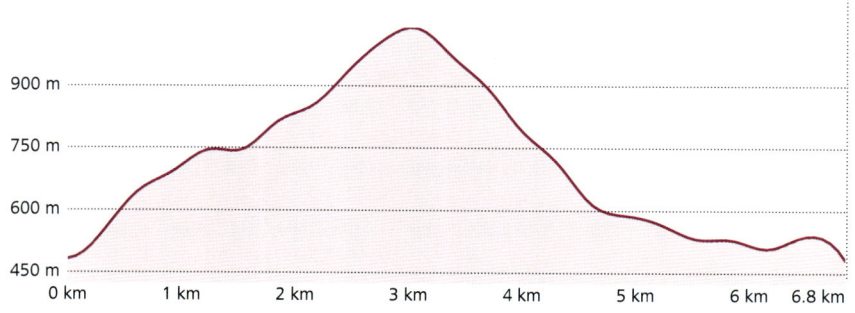

Anreise

Anreise mit der Bahn

Umstieg: Freilassing

Zielbahnhof: Bad Reichenhall

Rückreise

gleich wie die Anreise

So sanft gewellt wie das Land um Bad Reichenhall und Salzburg, das sich unter dem Dötzenkopf ausbreitet, ist der Gipfel selbst nicht. Er gehört zum Lattengebirge und damit zu den Berchtesgadener Alpen. Kaum zu glauben, dass man von dort manchmal sogar den 150 Kilometer entfernten Böhmerwald sieht.

Bergwanderung auf einem gut angelegten und teilweise mit Stahlseilen gesicherten Steig über etliche Holzleitern und Brücken. Wegen einiger steiler Waldpassagen bei Nässe nicht zu empfehlen.

Los geht es! Wir folgen am Festplatz beim Gasthaus Schießstätte der Beschilderung „Dötzenkopf". Ein breiter Kiesweg führt schattig am Waldrand hoch und bringt uns zum Aussichtspunkt Stadtkanzel. Ein paar Meter weiter passieren wir die Wegverzweigung, die links zum Wanderzentrum Bayrisch Gmain ausgeschildert ist (unserem späteren Rückweg). Wir steigen weiter rechts hoch, teils über steilere Kehren, bis wir nach einer Rechtsquerung und einem großen Linksbogen über einen schattigen Waldpfad zu der kleinen Bildstöcklkapelle gelangen. Hier erwartet uns eine schöne Aussicht zum Staufen hinüber.

Kurz zurück zur Verzweigung und weiter Richtung Türmereck, das wir über teils steilere Kehren (Eisengeländer) und eine Rechtstraverse auf schmalem Pfad erreichen. Blick hinauf zur Bergstation der Predigtstuhlbahn und hinunter zum Saalachsee.

Oberhalb der Aussichtsstelle folgen wir dem Pfad und wandern meist der Hangkante entlang mit Tiefblick nach Bad Reichenhall. Wir queren felsige Rinnen, wo der Weg durch Hangrutsche teils etwas abschüssig, aber mit Eisenbrücken und Drahtseilen ausreichend gesichert ist. Einen Felssporn umgehend sehen wir dann den Dötzenkopf links vorne. Nachdem wir eine Rinne gequert haben, sehen wir von einem Aussichtspunkt, wie sich der Weiterweg elegant hinüber zum Dötzenkopf schlängelt.

Der Abstieg verläuft zunächst sehr steil und kehrenreich über wurzelige Stufen und Felsabsätze, bis bei einer Flachpassage links hoch die kleine Hochfläche des Wappachkopfs markiert ist. Es geht weiter bergab und nach einem großen Linksbogen erreichen wir das Waldende. Wir stoßen auf Asphalt und eine Verzweigung, die rechts zum Wanderzentrum und links zum Dötzenkopf weist. Über den Schanzenweg und den Wappachweg gehen wir am Bach entlang Richtung Bad Reichenhall und nehmen kurz nach einer Holzbrücke die Abzweigung links zum Bildstöckl. Bei der Stadtkanzel treffen wir wieder auf den Anstiegsweg und steigen ab zum Ausgangspunkt.

45 ARCHENKANZEL
Bergwandertour auf die

von **ST. BARTHOLOMÄ** *nach* **KÖNIGSSEE**

Rundtour
10,4 Kilometer
5:00 Dauer

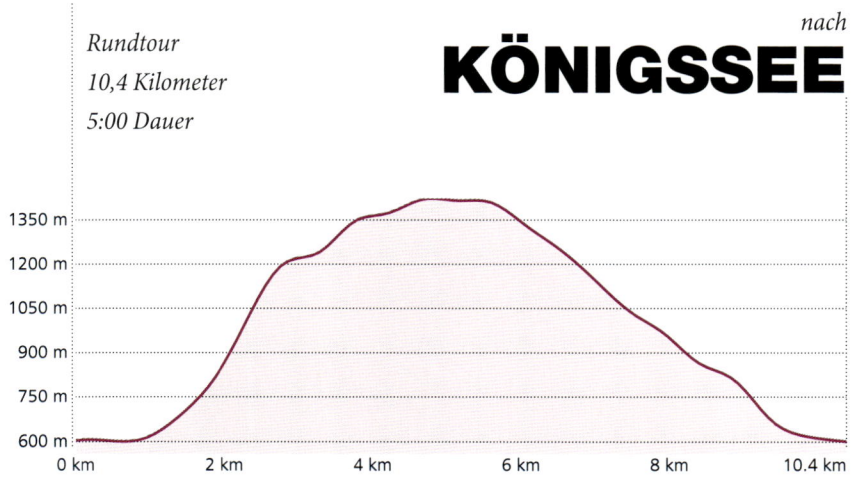

Anreise

Anreise mit der Bahn

Umstieg: Bad Reichenhall

Zielhalt: Königsee mit dem Bus 840

Rückreise

gleich wie die Anreise

Ausgangspunkt und Ziel dieser anstrengenden Tour ist der kostenpflichtige Parkplatz Königssee, von dem aus das Schiff nach St. Bartholomä ablegt. Wichtige Info vor Tourenbeginn: Zum Zeitpunkt der Recherche (Sommer 2021) gab es einen Murenabgang auf Weg Nr. 443 Richtung Schönau und Klingeralm, auch der Abstieg von der Grünsteinhütte zum Königssee war betroffen. Bitte informiert euch vor Beginn der Wandertour, ob die Wege wieder begehbar sind.

Los geht es! Auch wenn der Rinnkendlsteig als „Nur für Geübte" ausgeschildert ist, darf sich unserer Ansicht nach jeder trittsichere und schwindelfreie Berggänger an diesen aussichtsreichen Steig heranwagen. Trotz steiler Passagen bietet der gut gestufte Fels, der überall dort, wo es notwendig ist, mit Drahtseil gesichert ist, keine unüberwindbaren Hindernisse. Wir starten in Königssee, verlassen das Schiff in St. Bartholomä und folgen hinter der Kirche dem Schild, das uns nach rechts den Weg zur Kührointhütte weist. Am Seeufer entlang passieren wir den Gedenkstein für die „edle Prinzessin Marie Gabriele" und halten uns weiter rechts. Kurz darauf beginnt der felsige Steig mit einer Drahtseilpassage. Etliche weitere Stellen sind mit Eisenstiften und Drahtseilen versichert. Hin und wieder erleichtern lange Holztreppen den Aufstieg. Nach etwa zwei Stunden folgen wir einer Querung, die nach rechts, leicht fallend, durch Wald führt, bis von rechts unten eine Schlucht hochzieht. Hier verliert sich der Seeblick und wir treffen wenig später auf eine Verzweigung, die rechts zur Archenkanzel weist. In wenigen Minuten haben wir einen der imposantesten Aussichtspunkte hinab auf den Königssee erreicht. Wir gehen zur Verzweigung zurück und folgen dem Schild zur Kührointhütte. Zuerst auf dem breitem Fahrweg, dann linksabbiegend auf einem felsigen Pfad erreichen wir circa 30 Minuten später die Wiesen und Gebäude der Kührointalm.

Abstiegsvariante 1: Von der Kührointhütte nehmen wir als Weiterweg den mit Nr. 443 ausgeschilderten Pfad Richtung Schönau und Klingeralm. Meist durch dichten Fichtenwald folgen wir zunächst dem ständig abwärtsführenden Weg, treffen dann auf den Anstiegsweg zum Grünstein und schwenken rechts ab zum Parkplatz Königssee.

Abstiegsvariante 2: Von der Kührointhütte bietet sich als Rückweg ein kleiner Schlenker über die Grünsteinhütte an. Zuerst 15 Minuten auf breitem Fahrweg abwärts, dann kurz hinter einer scharfen

Linkskurve (Vogelskulptur) nach rechts auf einen markierten schmalen Waldpfad abbiegen. Nach 30 Minuten erreichen wir die Grünsteinhütte. Der weitere Abstieg führt über den kehrenreichen Waldsteig hinunter nach Königssee.

GPX-TRACKS

Die Route für unterwegs
GPX-Tracks zum Download

Du planst und navigierst lieber digital? Für das Navigationsgerät deiner Wahl haben wir alle Touren auf unserer Webseite für dich.
www.kompass.de/gpx

Damit kommst du direkt zum Download-Bereich. Einfach das richtige Produkt auswählen, herunterladen und auf das Zielgerät oder in die gewünschte App importieren.

IMPRESSUM

© KOMPASS-Karten GmbH
Karl-Kapferer-Straße 5, A-6020 Innsbruck

1. Auflage 2024 (24.01)
Verlagsnummer: 6101
ISBN: 978-3-99154-156-1

Konzept & Ausarbeitung: Thomas Kargl
Tourentexte: Lisa Aigner, Stephan Bernau, Ralf Enke, Andreas Friedrich, Siegfried Garnweidner, Elke Haan, Wolfgang Heitzmann, Amelie Kemmerzehl, Raphaela Moczynski, Bernhard Pollmann †, Tom Slotta, Hans-Peter Vogt, Jürgen Wachowski, Elena Weinert, Michael Will, Katharina Winklehner und Victoria Winklehner geschrieben. Ihnen allen herzlichen Dank!
Grafische und kartografische Herstellung: © KOMPASS-Karten GmbH
Verwendung OpenStreetMap Contributors (www.openstreetmap.org)
Covergestaltung: Mirjam Salzburger
Illustrationen: © Maria - AdobeStock_354297005

Bildnachweis:
Seite 12 - 14 © Kerstin Bittner, 16 - 26 © Gregor Essi, 28 - 30 © Dustin Krehmke, 44 - 46 © Isabel Hustig, 48 - 50 © Amelie Kemmerzehl & Tom Slotta, 56 - 58 © Fabian Pfitzinger, 80 - 82 © Sebastian Weingart, 88 - 90 © Daniel Wirtz, 92 - 94 © Daniel Wirtz, 96 - 98 © Taysiya Yerygina, 104 -108, 110 - 116, 172-174 © Thomas Kargl, 116 - 118 © Johannes Nickel, 120 - 122 © Michael Corona, 124 - 126 © Reto Stadelmann, 136 - 138 © Marco Debus, 140 - 142 © Nico Kaiser, 144 - 146 © Walter Elsner, 152 - 154 © Benjamin Troll, 160 - 162 © Dominik Schmidhuber, 164 - 166 © Stanley Schmidt, 168 - 170 © Sabrina von Bein, 178 © Andreas Friedrich, 180 - 182 © Michael Perschl;
Alle weiteren ©AdobeStock mit Seiten und Urheber: 5 - encierro, 11 - YesPhotographers, 16 eyetronic, 18 Comofoto, 32 Uwe Kantz, 34 fotograupner, 36 Peter Engelke, 38 ebenart, 40 ebenart, 42 J.R. Foto, 60 Emil Lazar, 64 Lukasz, 66 CC-IMAGES, 68 Harlekin-Graphics, 70 scaleworker, 72 venemama, 76 Kai, 78 Andre, 84 Sascha Rösner, 86 Carl-Jürgen Bautsch , 100 Stephan Dinges, 102 Lisa, 106 Stadtblick Stuttgart, 108 marako85, 128 - Konstantin Yolshin(a), 132 - 134 AVTG, 134 kentauros, 148 - 150 aero-pictures.de, 150 fottoo, 156 Sina Ettmer, 176 LW-photoart, 184 - 186 auergraphics, 188 Creativemarc, 190 listercz; U4 Eva Gruendemann - Fotolia

Zum Zeitpunkt der Bucherstellung wurden alle Strecken nach besten Wissen geprüft. Trotzdem übernimmt das Buch keine Haftung für die Gültigkeit des „Deutschland-Tickets" auf den vorgeschlagenen Strecken. Alle Angaben und Tourenbeschreibungen wurden nach bestem Wissen gemäß unserer derzeitigen Informationslage gemacht. Die Radtouren wurden sehr sorgfältig ausgewählt und beschrieben. Es können jedoch Änderungen an Wegen und im aktuellen Naturzustand eintreten. Radfahrer und die Kartenbenützer müssen darauf achten, dass sich aufgrund ständiger Veränderungen die Wegzustände bezüglich Befahrbarkeit nicht mit den Angaben im Buch decken müssen. Bei der großen Fülle des bearbeiteten Materials sind daher vereinzelte Fehler und Unstimmigkeiten nicht vermeidbar. Die Verwendung dieses Outdoorführers erfolgt ausschließlich auf eigenes Risiko und auf eigene Gefahr, somit eigenverantwortlich. Eine Haftung für etwaige Unfälle oder Schäden jeder Art wird daher nicht übernommen. Für Berichtigungen und Verbesserungsvorschläge ist die Redaktion stets dankbar:
www.kompass.de/service/kontakt

Bitte einsteigen!
45 Abenteuer gilt es zu erleben.

Wandern in der Eifel, eine Stand-Up-Paddel-Tour an der Ostsee oder mit dem Fahrrad der Donau entlang radeln: Von Nord bis Süd und von Ost bis West gibt es in Deutschland viel zu entdecken und zu erleben. Mit 45 Touren und Trips zeigen wir dir, was alles in deinem Deutschland-Ticket steckt.